娘役レッスン

タカラジェンヌの身体になりたい

天咲千華

祥伝社

こんにちは、天咲千華です。2011年に宝塚歌劇団を退団し、現在はヨガ&カイロプラクティックのストレッチトレーナーとして仕事をしています。

突然ですが、私は根っからの怠け者。それに加え太りやすい体質です。これまでにいろいろなダイエットやエクササイズを試してきましたが、たとえ「1日たった5分間行えば痩せる」と言われる簡単なものでも、この性格上続けられたことがありませんでした。一番の原因はそこに+αの楽しみを見つけられなかったこと。そして日頃多くの方とトレーニングのクラスなどで接するうちに、もしかするとそういう方は少なくないのかも、と思うようになりました。

★　★　★

ならば好きな対象への「なりきり」を取り入れてみてはどうだろう、と考えたのがこれからご紹介するエクササイズやストレッチです。そう、タカラジェンヌになりきって身も心も美しく整えていこう、というのがこの本のテーマです。

自分自身が退団後に実感したことなのですが、現役の頃はごく当たり前に長時間きれいな姿勢を保っていられたのに、辞めてふと気付いてみたら家から駅までの道のりですら美しく歩くことが難しくなっていたんです。この間まであんなに簡単にできていたにもかかわらず、ウィンドーに映る姿を見たらショックで……。あらためて気の持ち方の大切さを感じました。

普段の生活の中で、常に立ち居振る舞いを律することは難しい。でも宝塚の舞台を観たあとって、無意識に背筋がしゃんとしたり、しぐさも優雅になったりする。「素敵だったな、あんなふうになりたいな」と憧《あこが》れる気持ち――私自身が小さな頃から宝塚ファンだったのでよく分かります――そんな高揚感をたっぷり効果的に利用してしまおう、というわけです。

★　★　★

エクササイズのほとんどは、ヨガの動きと呼吸をベースに取り入れてあります。ヨガは古代から受け継がれている修行法。そして私自身、ヨガには大変助けられました。今の自分があるのは、そのお陰と言っても過言ではありません。

お恥ずかしい話ですが、在団中は常にコンプレックスにさいなまれ、ダイエットとリバウンドを繰り返す日々でした。そのダイエットの内容も、ほぼ絶食やワンフードなどの極端かつ不健康なもの。お陰で退団後は一気にそのツケがまわり、突然身体が言うことを聞かなくなってしまったんです。原因不明でまったく首が動かなくなり、横になることもできず座ったまま眠るような状態でした。ずっと付き合っていかなくてはならない自分の身体が一生このままだったらどうしようと、奈落の底をさまようような数ヶ月間。そんなとき、主治医の先生からリハビリとして勧められたのがヨガでした。半信半疑の状態でしたが、いざレッスンを受けてみると驚くほどの早さで身体が回復していくのが実感できました。

まず納得できたのが、痛めた部分のみに注視するのではなく、全身を使って身体のバランスを整えてあげるということ。つまり連動している筋肉を意識することの重要性。そしてヨガを行うことによって、自分の現状を客観的に見つめられることの面白さ。穏やかな気持ちを取り戻すにしたがい、体調もすっかり良くなりました。自分に与えられた身体を、最大限健やかに活かすということ。それを無理なく着実に実行できる方法なのだと思います。

★　★　★

本書では「なりきり」マジックで、ポーズとしてしんどいものでも楽しく行えるように工夫をこらしてあります。また、自分が習慣にしているデトックス法も、在団当時のエピソードを交えつついくつか記してみました。シンプルなものばかりですので、どなたにも気軽に試していただけると思います。

女性は（男性も？）みんな女優さんの心を持っている。それは美しくなるための魔法の種、きらきらとした可能性が秘められています。この本を手にしてくださった方の種を、健やかに育てるお手伝いができますように。

天咲千華

基本のポーズ
ストレッチを始める前の注意点

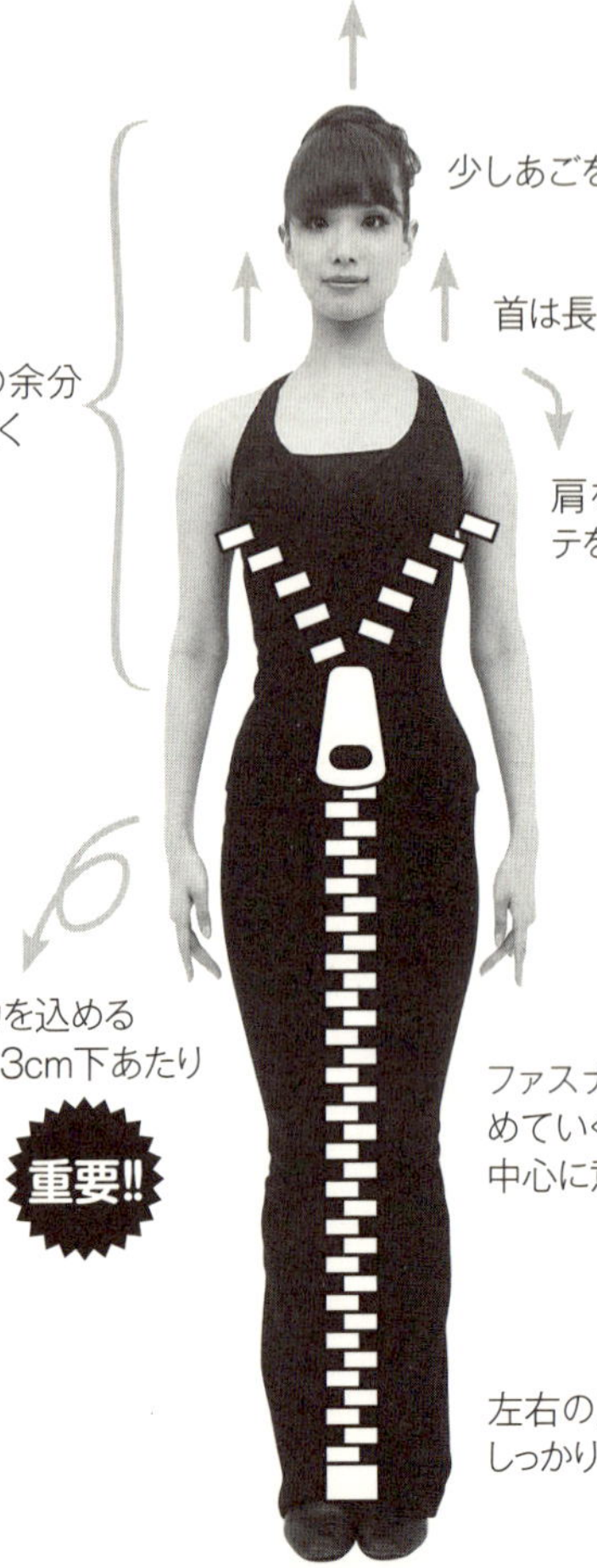
まっすぐに空に向かって
ぐんぐん伸びていくイメージ
少しあごを引く
首は長く
上半身の余分
な力を抜く
肩を下げてデコル
テを開いて美しく
丹田に力を込める
おへその3cm下あたり
ファスナーを下から閉
めていくように、身体の
中心に意識を集中する
左右の足の親指を
しっかりとつける

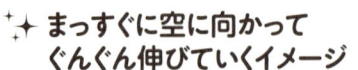

✦ 3ポーズごとに、必ず床に横になって顔からつま先まですべての力を抜き、緊張を緩める

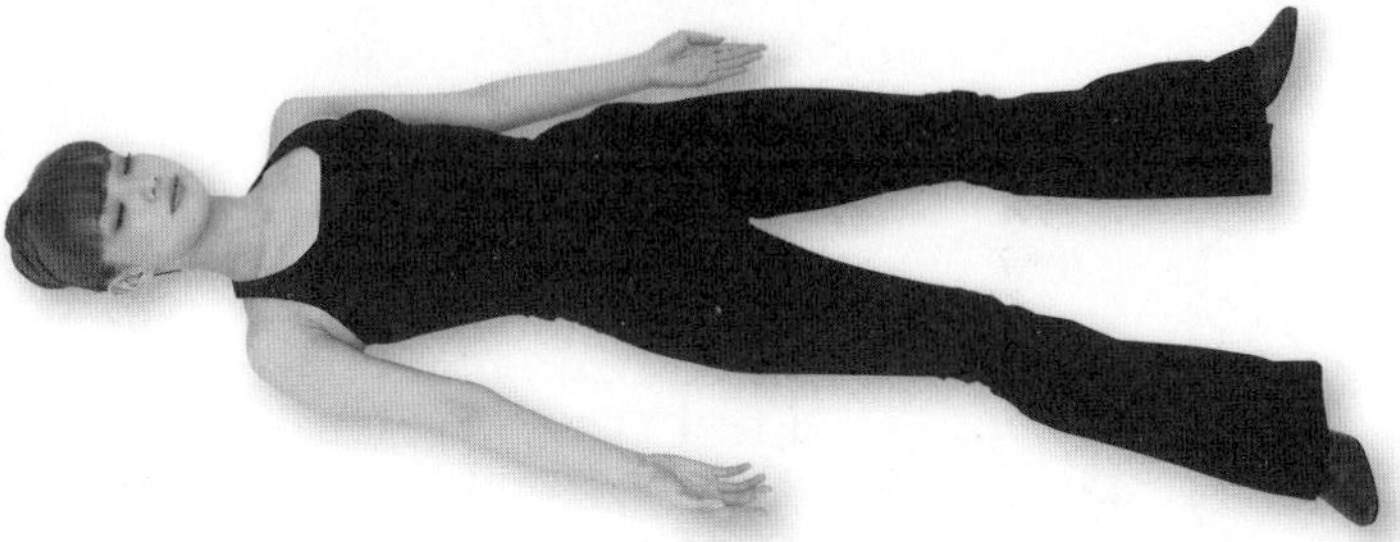

✦ ポーズをとりながらも呼吸は止めない。意識的に深く呼吸を

✦ 息を吐くときには思いきりお腹に力を入れてえぐるようにするとインナーマッスルが鍛えられる

✦ どんなポーズでも力まない。力を入れるのは丹田のみ

✦ ポーズをとったまま固まらない。指先もどんどん伸ばし、筋肉を伸びやかに解放するイメージで

✦ ポーズをとるごとに3〜5呼吸程度キープ

Contents

もくじ

Contents

Interview

万年ダイエッターだったあの頃

極端なダイエットを初めて行ったのは中学生の頃。1ヶ月で13kg減量しました。口にしていたのはドライフルーツ入りの薄いシリアルバー、それのみ。ただ食べるんじゃなくて1日1食1枚、というルールを課して。成長期の子が、です。減量には停滞期があるという基本的な知識にも欠けていたから、食べていないのに痩《や》せないということが理解できずに、ひたすら体積の小さなものを求めるようになっていました。

始めた理由も、別に宝塚受験[1]に備えてというわけではなかったんです。思春期にありがちな思い込みで、とにかく自分はすごく太っているんだと。

★　★　★

だから気付いたときにはダイエットという行為自体にハマってしまって。私、なんでもこうと決めたらこう！なんです。いわゆる融通が利かないタイプ。そんなふうだから、痩せるとなったら極端なことしか思い浮かばなかったんです。

たったそれだけの期間で急激に体重を落としたものだから、周りは心配するし、親も学校に呼ばれてしまったり……そりゃそうですよね。で、見事にリバウンドもしてしまったし、その太った状態で音楽学校[2]を受験したんですよ（笑）。

★　★　★

それでも合格を果たすことはできましたが、入学してからもダイエットとリバウンドを常に繰り返しているような状態でした。とはいえこの時期はみんな食べ盛りの年頃。それに加え、親元を離れたり慣れない環境へのストレスだったりという要因もあって、異常な食欲に振り回される人は少なくなかったんです。

本科にあがると発表会や文化祭などでお客様の目に触れる機会も出てくるから、これはまずい、ということで徐々に落ち着きはしましたけれどね。

★　★　★

私の在団中の歴史はそのまま、ダイエット史と言い換えても過言ではありません。研1[3]の初期に男役だった頃もぷくぷくしていたんですが、そこに娘役への転向という機会が訪れて。娘役さんというのは皆さんとにかく華奢《きゃしゃ》だから、このままの体型ではいけないと焦り、またもや急激なダイエットに突入。まったくといっていいほど食べることをやめて、短期間で10kgくらいを落としました。

おかげであばらはゴリゴリ、肌もガサガサ。お世辞にも美しいといえる状態ではありませんでした。でもそのときは痩せてさえいれば問題ないと思っていたんです。

★　★　★

ダイエットをするのはだいたい決まってお稽古中。その期間って、何かもうタガが外れたようになってしまうんです。いただいた役に傾倒すると同時に、ダイエットに対してものめり込む。うまくバランスを取ることができなかったんだと思います。

★　★　★

新人公演[4]の衣装合わせでも、このお衣装がきれいに着られなくてはいけない、本役さんに合わせなきゃ、痩せなきゃって。食べなくなるから声も出なくなって。それでも声を出すためにステロイドを毎日もらって……。身体に悪いというのは承知の上です。吐きこそしなかったけれど、下剤を飲むこともありました。

あとは魚肉ソーセージとゆで卵しか食べないとか。水も飲まずに、熱いお風呂にずっと浸かってとにかく汗を出す、なんてこともやりました。入浴前と後に体重を測って、出た汗で0.7kg減っているだけで「良かった痩せられた〜」みたいな……かなりキてたんだと思います。

★　★　★

不健康なダイエットが日常になり、いつのまにかそのストレスが蓄積して太る。そしてまたガリガリになって、の繰り返し。そんなところに「太ってる」って匿名のお手紙をいただいたりして「うわ〜」ってなって。何かの弾みで一旦調子が狂うと、病的なくらいにたくさんお菓子などを食べてしまう。そんなふうに精神状態もボロボロでした。

在団中はいくら痩せても、同期から「もうダイエットやめなよ、もう充分細いよ」って言われても、自分が一番太いと思っていたんですよ。組長[5]さんにも上級生の方にも心配をおかけしていました。お客様にお見せする仕事だから仕方ないとは思いつつも、それで身体を壊したら元も子もない。今になってみれば、分かっていなかったと思うことしきりです。

★　★　★

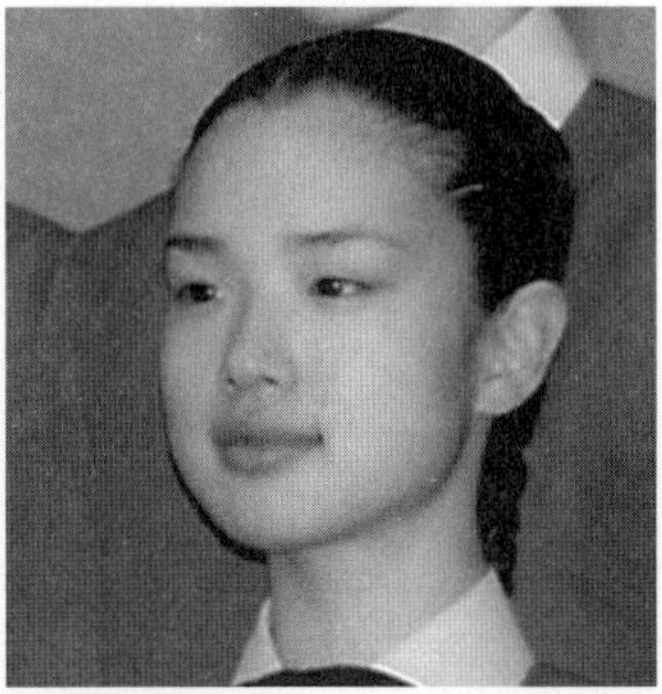

宝塚音楽学校の入学式にて。ぱんぱんだった頃を勇気を出して公開

とはいえ実際、私は太りやすい体質。とくに父親[6]からの遺伝的要素もあると思うし（笑）、家庭環境もありましたから。お相撲さんと食卓をともにして、彼らが食べろ食べろと言われている横で育ったのも大きな影響。お味噌汁代わりのちゃんこに、いくつも並べられる大皿盛りのおかず。賑々《にぎにぎ》しい雰囲気の中で、量はともかくとして同じ物を食べてきたこともあり、小さな頃から食事をすることがとにかく好きだったんですね。その自覚があるから、身体にお肉が

つくということに極端なくらい敏感になっていったんです。

★　★　★

食べることが仕事でもある方たちに囲まれた環境から、体型キープに気をつかう環境へと、ある意味真逆の食生活を体験することになったとも言えます。いわゆる普通の食生活を送るようになったのは、退団してからなんですよね。

★　★　★

ダイエットをしている人たちって、過去の私も含め言うことがまったく一緒。いつまでも自分が太っていると思っている。心も身体もバランスを欠いているんです。でも本当にそういったことを含めて見直さなくてはと思っていて。

退団してからは、過剰なダイエットに関する欲求はだいぶ落ち着いてきたけれど、普通の人としてご飯を食べていたらスリムな状態ではなくなる。けれど今ではそんな頃の体型よりも、現状の自分の身体のほうが好きなんですよ。それは自信を持って言える。ヨガに出会えて、心身ともに整えられたことのおかげだと思っています。体重を減らすことそのものに執着しない、重さじゃないんだって考えられるようになったのは、とても大きな変化ですね。

★　★　★

お肉がぷにっとついているのも決してコンプレックスではなく、今では女性らしい魅力の1つだと捉えられるようにもなりました。それをもっときれいに演出できるように、ストレッチなど簡単なエクササイズを日常に取り入れることを始めたり、さらにはお肌の状態を良くすることを頑張ったり。そう、皮膚自体に関しても、退団後に落ち着いてからすごく拘《こだわ》りはじめたんです。この自分のお肉を活かすにはみずみずしい質感が必要だな、と。だから肌を美しくするためにはお野菜をいっぱいとろう、お菓子を辞めようと。そうしたら体重も自然と安定してきて。

★ ★ ★

ダイエットで太らないようにする食生活と、肌のことを考えて良いものを食べようとする食生活とでは、一見似ているようでも感覚がだいぶ違ってくる。それで「肌がきれいだね」「女性らしいスタイルで素敵だね」って褒められたなら、もっと頑張ろうって思えるじゃないですか。新たに生まれた長所、そこを伸ばすための努力なら前向きに取り組めますし。

修学旅行でのスナップ。本当にまるまるしてました（汗）

★ ★ ★

私自身、何度もリバウンドを繰り返してきたからこそ、ダイエットのループにハマって苦しんでいる人を見ると、我がことのように感じられてしまうというか……。きっと普通の生活を送りたくても、簡単にそこには戻せないんだろうなって、辛い気持ちにさいなまれるんです。例えば定食一膳を食べることができないダイエットって何なんだろう、そんな生活、人としてどうなんだろうって思ってしまうんですよね。

★　★　★

だから今はダイエットそのものにフォーカスするのではなく、もっと視野を広げてコンプレックスをいい感じにメイクすることを研究中です。見た目はもちろん内面の健康もともなう美しさ、すべてを含めて魅力的な女性でありたいと考えています。

注1【宝塚受験】宝塚音楽学校の入学試験。中3〜高3修了予定者のみが受験可能で、毎年、倍率は20倍以上となり、合格発表はニュース番組などで報道されている。

2【音楽学校】宝塚音楽学校。兵庫県宝塚市にある宝塚歌劇団団員養成所で、予科本科あわせて2年制の女子のみの各種学校。基本的に卒業者は全員宝塚歌劇団に入団する権利を持つ。

3【研1】研究科1年の略称。歌劇団の団員は「生徒」という立場で、入団した年は研究科1年となる。

4【新人公演】通常の大劇場公演の演目を、入団して7年目までの生徒のみで行う公演。まだセリフもつかないような若手の育成の場であり、彼女たちの実力や魅力などを発見する場でもある。ここで主演するのがトップ候補になる条件と言われる。

5【組長さん】花組・月組・雪組・星組・宙組の5組に分かれている現役劇団員の組内最上級生が就任する。舞台上からプライベートまで、公私にわたって生徒のケアをする、とても頼りになる存在。

6【父親】言わずと知れた、元関脇・逆鉾関。現井筒部屋の親方。あまちゃきちゃんはけっこうパパ似です。

自★己★流 デトックス 1

野菜スープのストック

退団してすぐの頃、「脂肪燃焼スープダイエット」というメソッドに出会ったんです。7日間、スープと一緒に1日目はバナナを食べる、2日目には……といったように献立が決まっていて。心臓に負担をかけないためのダイエット法として考え出されたらしいんですが、私はその何日目に何、というのが面倒くさくて（笑）。それなら野菜スープだけを取り入れてみたらどうだろうと。そうしたら1週間で肌が発光！　それにお通じも整いました。直感的に良いと思い、それから毎日ぐつぐつと煮るようになりました。

デトックスをうたった野菜スープってたくさんのレシピが出回っているんですが、ちょっと自分には物足りなくって。続けていくためには毎食美味しく、お味噌汁代わりに取り入れられるものが必要と考えました。だから私の作り方は、厳密にはデトックス向けと言い切れないんですけれどね。

作り方はいたって簡単。用意するお野菜は、芋類以外なら何でも。おすすめなのはキャベツ、玉ねぎ、にんじん、セロリ、あとはほうれん草など葉もの系、そして旬《しゅん》の好きなもの。それらをざっくり切って、少量のお水とお鍋に入れて蓋をして弱火でコトコト煮る。そうするとお野菜からお水が出るので、そこにトマト缶を投入します。味付けは何でもOK。和風・中華・コンソメなどを使います。最近は野菜自体の美味しさに目覚めつつあり、これらのダシを入れないことも多くなりました。

そして必ず食べるときにオイルをちょっと垂らす。野菜のリコピンはオイルと一緒に摂ると吸収が良くなるんです。これも中華風のときはごま油、洋風だったらオリーブオイルというように。唐辛子や生姜でアクセントをつけてもいいです。たまにササミやウィンナーも入れて食べごたえをだしたり。野菜メインのスープですから、加えたところでそのカロリーがなんぼのもんじゃって話ですよ（笑）。リゾットやパスタソースにもできるので、小分けして冷凍庫に常にストック。味や具に変化がつけやすく美味しいから、ダイエットを意識せずに続けられる。そんな私の基本食です。

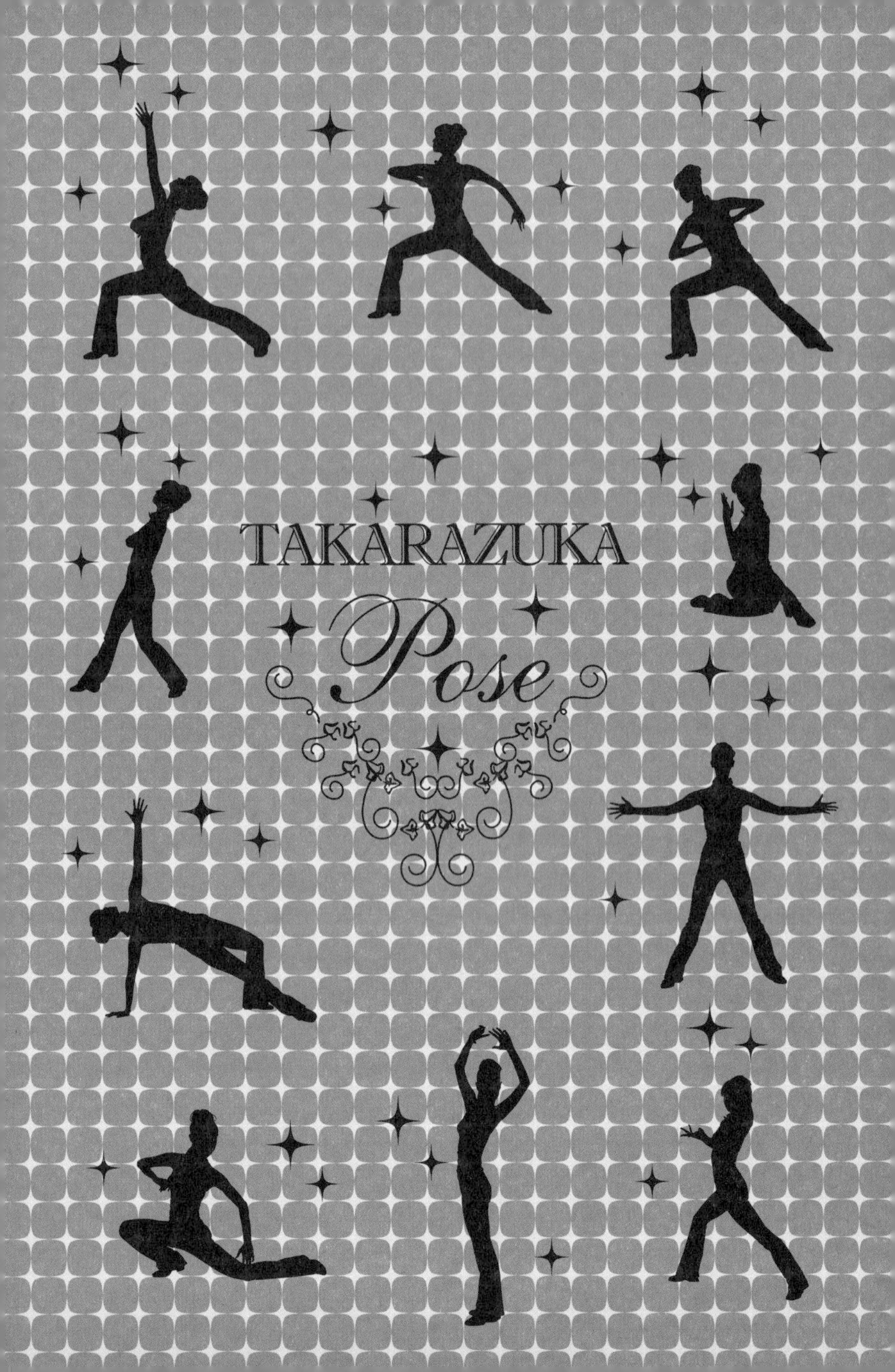
TAKARAZUKA
Pose

冷えも便秘も肩こりも解消?!

美しくなる☆男役ポーズ10選

男役
1

黒燕尾Ⅰ

効能
脚力と腹筋アップ

1

基本のポーズでまっすぐに立ったところから、左脚を大きく1歩後ろへ引く。このとき骨盤もいっしょに後方へ引かないよう、向きに注意する。

2

右腕を水平に曲げ、息を吸いながら左腕をグンと持ち上げ、吐きながら右膝を曲げる。身体を引き上げつつ息を吸い、胸を天井へ向ける。しっかりと右脚を踏みしめて完成。

身も心も引き締まる正統派な群舞の一員に

宝塚のショー終盤に登場する大階段。そこで必ず展開される、燕尾の場面をイメージしたポーズ・その1です。雰囲気としては変わり燕尾ではなく、男役なら1人一着は絶対に持っている正統派の黒燕尾をまとった感じ。これから紹介する4種のポーズは、身体の引き締めだけではなく心も引き締まるような緊張感のあるものです。ぜひお気に入りの黒燕尾シーンを思い浮かべながら、なりきってトライしてください。

コツとしてはまず、まっすぐ立った姿勢から始めること。最初が乱れていると、ポーズの段階を追っていくうちに辛くなり、筋肉に意識も行き渡りにくくなる。一番単純な姿勢ではありますが、まっすぐ立つという状態をしっかり身体に覚え込ませるのが重要です。❶で脚を引くときは骨盤にも注意してください。骨盤が正面を向くように、そして呼吸さえ正しくできていればまずはOK。慣れないうちは骨盤の正しい向きを意識するのは難しいかもしれませんが、続けていくうちに気付くことができると思います。そして腰を痛めないように、丹田にしっかりと力を入れてくださいね。

腕を持ち上げるときは「空を押し上げる」イメージで。そうすることによって手自体も力強く、男役っぽさが出せます。「男役は手で語る」と言われているくらい、手の表情には気を配っているんですよ。そして見た目のみでなく、手のアクションが助けになるので、お腹の力だけでは引き上げられない筋肉にも効果が表れます。

男役 2

黒燕尾2

効能
ヒップ、脚、お腹、ウエスト、二の腕のシェイプアップ うつ、倦怠感の改善

1

基本のポーズでまっすぐに立ったところから、左脚を1歩後ろに引き、正面を向いて身体を開く。このとき骨盤が傾かないように注意する。

2

息を吸いながら両腕をセット。吐きながら右膝を曲げる。このとき膝が踵《かかと》より出ないよう注意する。息を吸って胸を張り完成。

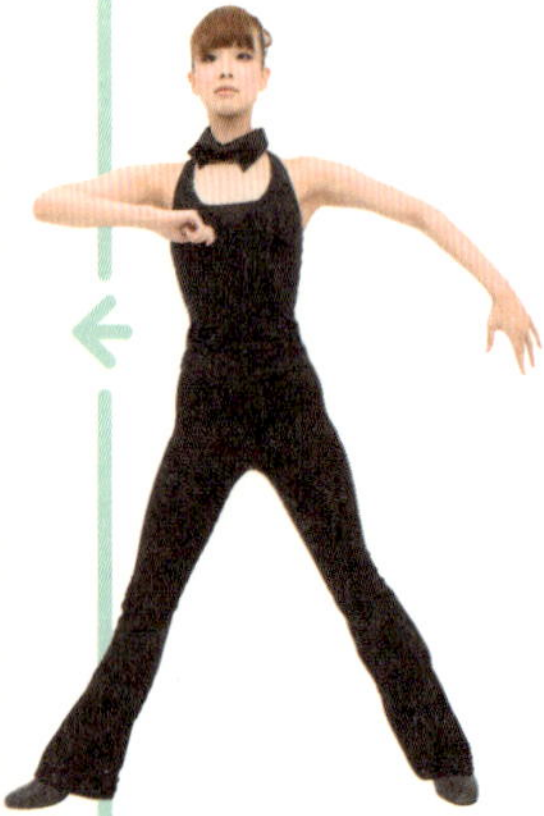

全身の筋肉を効率よく鍛えるならこのポーズ

シンプルに膝を曲げるポーズです。脚を引くところまでは黒燕尾1と同じですが、その後正面に向きなおったときに、腰が落ちてしまったり、骨盤が左右にぶれやすいので気をつけてください。

骨盤の正しい向きを意識する方法の1つに、お尻の筋肉を締めるやり方があります。外側の筋肉ではなく、内側のお尻の穴を意識する。骨盤が正しいポジションでないと、そこの筋肉を締めることはできないので、ぜひセルフチェックに役立ててください。

❷で腕をセットするときは、両肩で引っ張り合うように。さっと形作ってしまうのではなく、腕まわりの空気の圧を感じるように動かすと、より男役らしいニュアンスが出せると思います。またそれによって、二の腕のいわゆる振袖もすっきりしてきますよ。

腕を水平に伸ばしたものがヨガでは「戦士のポーズ」と呼ばれていて、一見単純に見えるポーズですが、効率よく全身の筋肉に働きかけられるのが特徴です。身体も内側から温まりやすいので、私のレッスンではダイエットをしたい方のコースにかなりの確率で組み込んでいます。

またポーズに慣れないうちは上半身、とくに首や肩まわりに力が入ってしまいがち。そうなると腹筋にも背筋にも働きかけられなくなるので、肩の力を抜くよう意識してみてください。そして表情もいっぱいいっぱいにならないように。顔まわりの筋肉が緊張しないよう、奥歯の噛み締めを解いて、すっとした表情で。男役さんの余裕たっぷりなお顔を思い浮かべて行ってみてください。

男役 3

黒燕尾3

1

基本のポーズでまっすぐに立ったところから、左脚を大きく1歩後ろへ引く。このとき骨盤もいっしょに後方へ引かないよう、向きに注意する。

2

息を吸いながら両腕をセット。息を吐きながら右膝を曲げる。息を吸って身体の左側面が一直線になるよう傾け完成。

体幹を意識すれば見た目も内側もすっきり

これは大階段によく見られるポーズ。なんとなく形になりそうですが、実は腰が出っ張ってしまいがち。側面の一直線のラインを保つことが重要なので、一度鏡の前で試してその感覚を身体に覚え込ませてください。イメージとしては頭のてっぺんと後ろ足とで引き合う感じ。とくに頭で引っ張ることを意識すると、上体に無駄な力がかからなくなるので、足腰への負担も軽減されます。

実際の大階段の群舞では、全員の一糸乱れぬ動きが圧倒的な迫力を醸し出していますよね。もちろん周りを見ることなど許されないので、自分の感覚だけが頼り。オーソドックスな黒燕尾はとくにごまかしが利かないもの。衣装も髪型もシンプルな分、身体のラインやちょっとした表情など、より細かなディテールに目がいく。すべてが見えてしまうからこそ、皆さんすごく緊張感を持って挑まれているのだと思います。

私自身は初舞台でのみ男役だったので、研1の頃に同期が宝塚バウホール公演「ハロー！ダンシング」で黒燕尾を演じたときは、ちょっと複雑な想いがありました。それまで一緒にロケット（ラインダンス）で舞台に立っていた同期が、男役になった！と。子どもの頃から黒燕尾はどのショーでも大好きだったし、いつかやってみたいという憧れがあったんです。自分の意思で娘役に転向したにもかかわらず、その直後だったせいか、まだ気持ちの整理がついていなかったのかもしれません。もちろん今となっては娘役で良かったと思えるんですけれどね。ちょっぴりほろ苦い思い出です。

効能

太もも、ヒップの引き締め
胃腸の不調、便秘の改善

男役 4

斜め立ち大階段

効能
腹筋、背筋、脚力の強化
下腹の引き締め

1
基本のポーズでまっすぐに立ったところから、左脚を軽く後ろへ引く。

2
息を吸って黒燕尾服を軽くつかむような形で両腕をセット。

3
息を吐きながら前傾姿勢で脱力したのち、吸いながら左脚の膝をゆるめ、後傾して完成。

黒燕尾の様式美が詰まったシンプルなポーズ

これも大階段ならではの美しい群舞から。全面に並んだ男役さんが、時間差でくるくると身体を翻す場面をイメージしています。しっかり腹筋が使えていないと様にならないポーズ。動きはシンプルですが筋肉の存在を感じさせるからこそ、男役らしさが滲《にじ》み出るのだと思います。

きちんと行うと下腹の引き締めにとてもよく効きます。お腹が出てしまうと腰に負担がかかるので、丹田を意識することを忘れずに。❸の脱力でたっぷり息を吐くこともポイントです。そして後ろに傾きながら吸う。ここの呼吸を逆にやってしまうと、お腹の力が抜けて腰が落ちるので気をつけてください。

私の中で一番思い出深い黒燕尾は、自分自身の、そしてトップの真飛聖《まとぶせい》さんの退団公演だった「ル・パラディ!!」です。演出の先生も振付けの先生も混じり気のない「ザ・男役」な燕尾のシーンを作り上げていらっしゃって。花組の全員が良いものを作り上げようと、真飛さんの最後に恥じぬように誇りを持って臨んでいる。お稽古中から鬼気迫るものがありましたね。

実際の現場では私はエトワールだったので、早く着替えて影段でスタンバイしなければならず、ソデから眺められる余裕はなかったんですけれど、でもこのシーンの楽曲はいつも裏で聴いて場面をまぶたに描いていました。大階段の黒燕尾には男役の美学が詰まっている。自分が辞めるということもあり、これほどまでに宝塚らしいものに触れることはもう二度とないのだな、と感慨もひとしおでした。

男役 5

ジゴロー

効能

腹部の強化
内臓の不調・便秘の改善、美肌

1

長座の姿勢をとる。このとき、しっかりと骨盤を立てることを意識。肩を開き、腕は体側後方へ。

2

息を吸いながら右膝を立てて左脚をまたぐ。

3

左膝を曲げて脚を交差。息を吸いながら左腕を上げ、吐きながら曲げた肘を右膝の外側にセット。左手は帽子を持つイメージに形作る。次の吸気で背筋を伸ばしたら、吐きながらポーズのねじりを深めて完成。

気障な目線をハットのふちから投げかけて

ハット姿で登場するジゴロのポーズです。まずスタートで脚をまっすぐ伸ばして座ったときに、骨盤を立てることが大切。レッスンではよく「自分を球根だと思ってください」とお伝えしているのですが、これは頭頂部からは芽が出て、座骨からは根を土の奥深くに下ろすというイメージ。上下に向けてエネルギーを放出するような気持ちで、頭とお尻とで引っ張り合うことを意識します。

❸では息を吐くごとに身体のねじりを深めます。意外に腹部の筋肉を使うので、慣れないうちはグラグラするとは思いますが、それがインナーマッスルを鍛えることに繋がるので、無理のない範囲で揺れを体感してみてください。他の効能として、内臓にひねりの刺激を与えることで、腸や腎臓の排泄器官も強化される。老廃物の流出がスムーズになることが結果、美肌にも繋がるというわけです。

ハットという小道具は、娘役も被ることはありますが、主には男役さんのアイテム。皆さん深々と、それぞれの個性で被りこなしていらっしゃいます。とくに研1の子の被り方は、お稽古場で上級生の方がすごくよく見てくださる。手の添え方1つにしても拘りがあるんですよね。たまに娘役が被るときも、絶対に男役さんに教えていただくんです。舞台裏で同期が直してくれたり、なんてこともあります。

実際にお手持ちの帽子を持ってやっていただくと、よりなりきることができるかと。ただふわっと手を添えるのではなく、力強く見える手のフォルムも研究してみると楽しいですよ。

男役 6

ジゴロ2

効能

冷え性・肩こりの改善
二の腕、肩まわり、ウエストの引き締め
集中力アップ

1

長座の姿勢をとる。このとき、しっかりと骨盤を立てることを意識。肩を開き、腕は体側後方へ。

2

息を吸い左膝を立てて、吐く。

3

息を吸いながら上体を両手でしっかり支え持ち上げる。左腕を天井に向けて引っ張りながら身体を開く。肩の延長に肘・手首がくるようにして完成。

セクシーなアクションが魅力の上級ポーズ

このジゴロのポーズはやや難易度が高めです。いくつか気をつけていただきたいポイントがあり、まずは下側の腕の力に頼りすぎないこと。手首は非常に弱いので、体重がかかりすぎないよう注意が必要です。次に、お腹から骨盤まわりの骨盤底筋群と呼ばれる筋肉の引き締めを意識しながら行うこと。これはお腹をクッとへこませる要領で。他のポーズで、ここに力を入れる感覚を摑んでから挑戦していただくと安心です。そして上の腕で引っ張り上げる動き。上体を引き上げることが腹筋を使う助けになります。くれぐれも、これらの点に注意して行ってください。

よく「腹筋がない」との言葉を耳にしますが、それは使えていないだけで、誰でも等しく持っているものなんです。お腹まわりを意識して動くことができるようになれば、徐々に鍛えられていきます。焦らず長い目で、ご自分の身体と向き合ってくださいね。

そしてこのポーズは集中力を高めるトレーニングにもなります。他のことを考えながらやると目線がちらちらしてしまい、そうなると筋肉が使えていても身体全体のバランスが取れなくなる。目線を一点に定めることによって自然と精神も鍛えられるんです。

この振りをよく見るのはショーの酒場やクラブのシーン。照明もほの暗く、お酒をあおる人やビリヤードに興じる人がいる。そんな中にトップさんが登場し、男役2番手とガールフレンドを奪い合って……乱闘騒ぎの中拳銃が放たれる、といったような。宝塚ファンの方なら誰しも一度はご覧になられたことがあるのでは、と思います。

男役 7

銀橋ゼロ番

1

基本のポーズでまっすぐに立つ。脚を広く開いたら、息を吐く。

2

息を吸いながら、両腕をゆっくり持ち上げる。目線は上向きで完成。

効能

二の腕シェイプ
集中力アップ
全身疲労感の改善、リフレッシュ

気分はトップスター★なりきりで楽しんで

銀橋や舞台の真ん中で雄々しく輝くポーズ。これはもう、トップさんならではのものです。形としては基本形ともいえるくらいシンプル。この本でご紹介した男役／娘役ポーズの中でも一番簡単なので、準備運動的に取り入れるのもおすすめです。

工程が複雑でない分、身体全体に対してたくさん意識を向けることができるのも長所です。お腹まわりの丹田や骨盤底筋群をはじめとするインナーマッスル、そして呼吸。ヨガの基本を考える上でもちょうどいいんです。腕で、脚で引き合っていくこと。要はエネルギーをため込むのではなく、外へ外へと人型に波紋を広げるよう、放出していく意識で行います。

❷で両腕を上げるときはただささっと行ってしまうのではなく、周りの空気も大きく動かすように。両腕と肩が一直線になったら、両手のひらをしっかりと広げ、左右の指先でなるべく遠くに引っ張るようにします。視線は上向きに定めつつ、あごが上がらないように。大好きなトップさんになったつもりで、顔面だけでなく身体の表情にも注意を向けてみてください。

そう、舞台に立つタカラジェンヌで身体がお休みしている方は存在しません。姿勢の悪いトップさんなどいませんし、止まっていても細部まで意識が行き届いています。それを想像するということは、どんなときも全身を使って演じているということ。イメージトレーニングはとても大事なので、必ずそこに近づけるという対象が明確にある宝塚ファンの方はすごくラッキーだと思います。

男役 8

マタドール

1
右脚を曲げて前後に脚を開く。このとき、そけい部を痛めないようゆっくりと行う。骨盤がぶれないように注意する。

2
息を吸いながら腕をセット。右腕は曲げて胸の前へ、左腕は肩と水平に上げる。

3
息を吐きながら、左腕を弧を描くように、左脚の膝あたりまで下ろして完成。

裡なるエネルギーを放出する若い闘牛士

お芝居でもショーでもおなじみ、スパニッシュの闘牛士のイメージです。私の初舞台はスペインが舞台の「ネバー・セイ・グッドバイ」。その後も「バレンシアの熱い花」や、スパニッシュのシーンがあるショー「ラブ・シンフォニー」「エキサイター!!」など、数々の公演を経験させていただきました。

座りの姿勢ですが、脚を前後に開くことによって股関節やそけい部もじんわりストレッチすることができます。ちなみに力士の方は、怪我の予防にわざとここの筋を股割で切るんです。私たちにも柔軟性は必要ですが、ダンスやヨガでは繊細な動きを求められるので、筋を痛めることのないようにしています。とても伸びてしまいやすい部分なので、行う際は充分に気をつけてくださいね。

❶の骨盤は、理想のポジションは正面なのですが、これは股関節によほどの柔らかさがないと難しい。なのでできるだけぶれないように、前を向けることを心がけるところから始めてみてください。それだけでも骨盤の前面が気持ちよくストレッチされますよ。

❸で左腕を動かすときは、周囲の空気までをも動かすように力強く、「ザッ」という擬音がつく感じで。これは振付けの先生からもよく指導されました。空気を動かすことによって、空間を支配できる。それがエネルギッシュな男役らしさに繋がっていきます。ジャン！と高鳴るギターの音色や「オーレ」のかけ声などを思い浮かべながらなりきって。スカーフなどを持ってやっていただいても、より気分が高まると思います。

効能

股関節、もものストレッチ
もも、ヒップ、二の腕の引き締め

男役 9

フラメンコの男

効能

腹部強化、美しいくびれを作る
二の腕の引き締め

1

基本のポーズでまっすぐに立つ。

2

息を吸いながら水平に身体をねじり、両肘を曲げて腕をセット。吐いて脱力。

3

息を吸いながら腕を頭の上まで持ち上げて完成。

ギターの音色を思い浮かべながら情熱的に

スパニッシュのポーズその2は、フラメンコの振りをイメージしています。ギターと手拍子が高く低く響く中、ダンサーが床を踏み鳴らしてリズムを取る、というような場面。観ていて鳥肌の立つような、男役さんの気迫……お好みの舞台を思い描きつつ、内側の熱を感じながらトライしてみてください。

ここでのポイントは❷〜❸で腕を持ち上げるところ。あっさりとした動かし方ではなく力強く丁寧に。腕に空気のかたまりがのっている様子を想像しつつ、押し上げるように粘っこく持ち上げてみてください。そうすることで二の腕がしなやかに鍛えられるのはもちろん、自然とエネルギッシュなポーズが完成すると思います。

また呼吸にも気を配って。このようにじわじわとしたアクションを行うときは、息を細くゆっくりと吸うことが鍵になります。呼吸と動きは連動しているものなので、粘っこい動きに物足りなさを感じる方は、まず息の仕方を意識してみてください。腹部の内臓まわりの筋肉も鍛えられます。

そして上へ上へと伸びやかに。❷でねじりを終えるのではなく、最後までねじり上がることによって、お腹の部分に効果が現れます。ウエストのくびれを作るにはもってこいのポーズです。

スパニッシュはショーでもお芝居でも大好きです。あの情熱的な気性、エキゾチックな音楽もすごくいい。どちらかといえば激しさを伴った演目のほうが自分には合っているように思えたので、演じられたときは嬉しかったですね。

男役

10

花組ポーズ

効能

肩こり解消
リフレッシュ効果

1

基本のポーズでまっすぐに立ったところから、左脚を大きく1歩後ろへ引く。このとき骨盤もいっしょに後方へ引かないよう、向きに注意する。

2

息を吸いながら、右手で左側のフェイスラインをくるみ、同時に左腕を肩の高さに上げる。息を吐きながら右膝をかるく曲げて完成。

花男の魅力濃縮♡定番ポーズでリフレッシュ

宝塚ファンの皆さんにはおなじみの「花組ポーズ」。私自身は「宝塚GRAPH」の企画、花組の全員でこのポーズをしながらキメ顔を撮るというページでやらせていただいたことがあるのですが、実はそれが最初で最後でした。ポーズの発祥は諸説あるようですが、かっこよく見せるために顔のサイドから手を出す、という発想はすごいですよね。

そんな少々謎めいたポーズですが、なんと肩こりの解消に効果があるんです。❷の両腕でポーズを作るときに、しっかりと肩甲骨を寄せることがポイントになります。なんとなく手だけで形は作れてしまいますが、ここは腕の根元である肩甲骨から大きく動かすように。日常の動作の中で、肩甲骨を寄せることってあまりないんです。ここを意識して動かすと滞《とどこお》っていた血流も良くなり、胸も自然と開くことになるので気持ちの上でもリフレッシュできると思います。

気をつけていただきたいのは、前の膝を曲げるときに腰を入れすぎないようにすること。勢いをつけてグイッとやってしまうと、痛める原因になるので、お腹まわりの筋肉で支えることを意識し、過剰に反らないようにしてください。

すべてのポーズに言えることですが、やはり手の表情も意識して。肩の高さで差し出した手が、ふんわりしないように。顔をくるむ指も力強くセクシーに形作ってください。普通に生活していたら指先まで力を入れてポーズをとることはないと思うんですが、これをやることによって末端まで感覚が研ぎすまされる。男役さんの手、というなじみ深いお手本を活用してみてくださいね。

TAKARAZUKA
Pose

ウエストも背中も二の腕もすっきりスリム?!

美しくなる♡娘役ポーズ10選

娘役 1

真っ白な花びら

効能

**股関節・骨盤の歪み、婦人科系の不調の改善
太もも、ヒップ、ウエスト、二の腕、背中の引き締め**

1

右脚を曲げて前後に脚を開く。このとき、そけい部を痛めないようゆっくりと行う。骨盤がぶれないように注意する。

2

息を吸いながら腕を上げてセット。

3

息を吐きながら前傾姿勢で脱力したのち、吸いながら上体を引き上げ軽く反らせて完成。

清らかな花が舞い散る様子を思い浮かべて

これは主役カップルを取り囲むように踊る娘役たちをイメージしていきます。例えばその2人に何らかの問題が起きて離別、やがて天国で再会するというような筋書き。白っぽい衣装で登場する彼らのまわりを、スモークとともに娘役が舞う場面。宝塚がお好きな方なら、一度ならずともご覧になられたことがあるかと思います。

そんな幻想的なシーンに用いられるはかなげなポーズではありますが、エクササイズとしての効果は絶大です。まず身体の要《かなめ》とも言える骨盤の調子が整う。それに伴って、見た目にはウエストのラインが左右均等に。また腰の内部の筋肉にも効くので、婦人科系の不調も改善されていきます。

骨盤は身体の中でもゆがみやすい箇所。ヨガでもはじめに手直しをする、いわば土台。まずはここをまっすぐに立て、そこから背骨をどんどん積み上げていくようなイメージでポーズを行います。

ただ一口に、骨盤のゆがみと言っても自覚しにくいもの。なのでこういったポーズを左右で試し、やりにくい側がどちらであるか知ることで、身体の状態に気付けるんです。自分の身体とおしゃべりする、そんな感覚で行っていただけたらいいな、と。

注意点は、❸で反らせるのは腰ではなく胸。腹部の引き上げを強く意識しながら、支えるように行ってください。このとき腕は上がっていますが、肩は肩甲骨から自然に下ろすような塩梅で。ここに気をつけると、首が詰まらず美しいフォルムになり、背中まわりも引き締めることができますよ。

娘役 2

恋する人を待つ

効能

生理痛・生理不順、便秘、肩こり、むくみの改善
自律神経の安定

1 右脚を前方に曲げ、左脚を後ろに流す。このとき、そけい部を痛めないようゆっくりと行う。骨盤がぶれないように注意する。

2 息を吸いながら右手を胸の前にセット。

3 息を吐きながら前傾姿勢で脱力したのち、吸いながら胸を反らせて完成。

エレガントに繰り広げられる恋物語の一幕

腕の表情が優雅なこのポーズは、クラシックバレエ的でもあり、輪っかのドレスをまとったシチュエーションを思い起こさせます。ショーの中に登場する時代がかったコスチュームもののシーン。歌だけで進行する芝居仕立ての一幕で、ちょっと物憂げに男役さんを待っている、そんな場面を描いて考えてみました。

❶で床にぺたんと座った体勢からはじめるのが理想ですが、人によっては股関節が辛いかもしれません。柔軟性にとても個人差がある部分なので、硬めの方はくれぐれもご無理をなさらないように。その場合、クッションや適度な厚みに折畳んだバスタオルなどをもの付け根の下に敷いて、調整していただくとやりやすいと思います。後ろへ流した脚側の骨盤も、無理のない範囲で前へ向けるように意識されてみてください。

❸で反る際には、胸で天井を見るような感覚で。このとき背骨も気持ちよく伸びていることを味わってください。もちろん腰に負担をかけないよう、お腹にはしっかりと力を入れて。そしてこれはどのポーズにも当てはまることですが、完成したらすぐにポーズを崩すのではなく、しばらくそのままで呼吸を続け、キープすることも大切です。

「姿勢は身体の表情」と言いますが、胸を張ると心が前向きになっていきます。気持ちのコントロールはある程度、意識的に身体を使っていくことでも可能なんです。ちょっと落ち込んでいる自分に気付いたら、胸筋を開いて少しの間脳をだましてみる。そんなときにも役立てていただきたいポーズです。

娘役 3

パリジェンヌ

1 右膝を立てて座り、左脚はまっすぐ横へ伸ばす。

2 息を吐きながら上体を右へ倒す。

3 息を吸いながら、右手で大きく半円を描くように上へ向けて完成。

効能
体側のストレッチ
肺の活性化
内臓不調の改善

花の都に吹き抜ける甘やかな風のように

パリの街角、春の訪れを思わせるようなパステルピンクの光。手羽根を持って軽やかに踊る娘役……ショーというよりもレビューの冠が相応しい、そんな舞台のイメージです。

❷で上体を倒すときは、お腹を引き上げることがポイントです。それによって体側のストレッチ効果がアップします。普段身体の側面を伸縮させる動きはあまりしないので、使われていない筋肉や内臓に刺激を。休んでいた部位が活性化します。

ポーズの完成形としては易しいほうなので、その分細かなところまで意識を行き渡らせることができると思います。例えば❸での腕の動き。まわりの空気もいっしょに動かすという点では男役のときと同じですが、こちらはふわっと吹く風のようにあくまで軽く、甘い花の香りを振りまくイメージで。とくに手首から指先までを意識しながら優雅に動かしてください。反対側の下げている腕にもしっかりと表情をつけて。また胸をきちんと開いてデコルテに存在感を出すことも娘役らしさを醸し出すコツです。

自分が出演させていただいたレビューの中ではやはり「ル・パラディ!!」が印象深いです。全体の光も色調も爽《さわ》やかで気品にあふれ、古き良き伝統を凝縮したような舞台。出だしは洋風の作品にしては珍しくチョンパ（暗い中にパッと照明がついてきらびやかな舞台が現れる演出）。期待にあふれたお客様のお顔が一斉に見渡せるのも素晴らしかった。ハッピーエンドの場面が続くので、演じていても見ていても幸福感に包まれるようでした。最後の最後で、宝塚の原点のようなレビューに触れられたことを幸せに思います。

娘役 4

夢見る淑女

効能
二の腕、下腹の引き締め

1
左脚を軽く１歩後ろへ引き、つま先を伸ばす。

2
息を吸いながら左腕を天井に伸ばす。吐きながら前傾していき完成。

娘役らしさを手軽に味わえるシンプルポーズ

イメージは、シンプルな白いドレスをまとった娘役の群舞。まぼろしの世界の住人のように舞台のそこここに散らばってはひっそり佇《たたず》む、といったような。またショーの大階段でときどき見かける、娘役たちに囲まれてトップさんが登場する場面なども思い描いて考えました。バレエ的な雰囲気もただようポーズになっています。

これは娘役ポーズの中でもかなり簡単です。どのポーズからはじめようかと迷ったら、まずはこちらを。特別に柔軟性を要求される箇所がないので、運動が苦手な方でも気軽にできると思います。

ポイントは、身体のラインをななめ一直線に伸ばすこと。❷で息を吐くときは細く丁寧に。同時に少しずつ前傾の角度を深めながら、天井に伸ばした指先とつま先とでなるべく遠くに引き合うようにします。そうすることによって、自然とお腹まわりの筋肉も使うことになります。

一直線のフォルムといえば、逆向きではありますが男役ポーズの「黒燕尾3」もそう。比べればこちらのほうがずっと楽にできるとは思いますが、慣れるまでは同じように鏡を使って身体のラインを確認してみてください。

腰〜お尻が出っ張らないように伸ばせるということは、筋肉のコントロールができているということ。なのでこの感覚が摑めるようになると「身体の軸」の整え方が分かるようになります。

また柔軟性に自信がある方、この完成形だけでは物足りないという方は、後ろ足を上げるとさらなる効果が狙えます。その場合は、脚の付け根一点に重心を集めるよう気をつけてみてください。

娘役 5

幻想の少女

1

右脚を前方に曲げ、左脚を後ろに流す。このとき、そけい部を痛めないようゆっくりと行う。骨盤がぶれないように注意する。

2

息を吸いながら左腕を天井に伸ばす。

3

息を大きく吐きながら、上体をゆっくり床まで倒していき完成。

効能

骨盤周辺の血行促進、股関節のストレッチ
ヘルニアや座骨神経痛の予防、緩和

幸福な思い出の中に生きる少女の面影

こちらも幻想シーンの群舞を元に構成したポーズです。娘役ポーズ2「恋する人を待つ」と同じく前後に股関節を開いて座るので、床にお尻がつきづらい方は折畳んだタオルなどを敷いて調整してください。痛みが出るほどに伸ばして、手順に集中できないのは目指すところではありません。股関節は人それぞれに可動域が違うので、工夫して心地よいポジションを見つけてくださいね。ヘルニアや座骨神経痛を患っている方もできるだけ慎重に行ってください。このポーズをとることで骨盤まわりの骨のゆがみが正常にもどっていきます。血が巡ることによってマイナートラブルの解消が期待できるので、とくに女性の味方となるポーズです。

❷で腕を上に伸ばすときは、指先を整えながらスッと空気を切るように動かすと美しく見えます。❸のラストは首の力を抜くこと。理想は力まずに首まわりの表情を優雅に保つことですが、これはダンス慣れしていないと難しいので、頭の片隅に置いておく程度で大丈夫です。

自分が演じた中でとくに印象深い幻想シーンは「外伝 ベルサイユのばら―アンドレ編―」でした。アンドレが革命で亡くなってから現れる天国の場面。青白い照明の中、スモークが焚かれて。悲劇の感情を表すには逆に、身体全体から幸福感を出すことが重要と先生から指導されました。私たちが幸せそうであればあるほど、お客様にとっては悲しく映るという対比。下級生にも伝えつつ、自分自身もよくよく注意を払って演じた思い出があります。

娘役 6
on the 盆

1

右脚を前方に曲げ、左脚も後ろに流しながら曲げる。このとき、そけい部を痛めないようゆっくりと行う。骨盤がぶれないように注意する。

2

息を吸いながら手をセット。右手は床に着かないよう伸ばし、左手は胸元へ。息を吐きながら伸ばした手の方向へ上体をねじって完成。

指先に優美なニュアンスが宿る静のポーズ

こちらも動きは控え目な娘役群舞からのイメージ。幻想的な雰囲気の場面で、ゆっくりと回転する盆に娘役たちが点在している、そんなシーンです。

❶の座りの姿勢はやはり股関節に無理のないように。辛い方はタオルなどで調整を。❷で胸元へ手を運ぶときは、まわりの空気をやさしく動かして、何か大切なものを抱きしめるように表情を付けて動かしてみてください。もう片方の下ろしている手も、だらりとならないよう指先まで神経を行き渡らせて。細かなことですが、娘役らしさを醸し出すポイントです。

ラストのねじりの動作では、背骨をまっすぐ上に引っぱることを心がけ、傾かないように注意してください。このときの身体の動きは、ソフトクリームを絞り上げるようなイメージで、息を吐くごとにねじりを深めていきます。動作と呼吸の合わせ技が、ウエストのくびれ作りや内臓機能の活性化に効果を発揮します。

このような盆の場面で男役さんが座りで出ていることはまずない。娘役にしかできない役割だから、出番が与えられたときはここぞと頑張りました。きれいなポーズを固定するということは、踊り続けているときとはまた別のしんどさがあるんです。止まってはいるけれど動き続けなくてはいけない、つまりただの背景になってしまわないように。目線1つ、指先1つ、どうやって自分らしさを出すか工夫のしがいもある。そこにすべてを注ぎ込めるんです。もちろん強い自己主張は求められないけれど、なぜ娘役が使われているのかということを考えて、良き効果となるよう心がけていました。

効能
ウエストのシェイプアップ
内臓の機能活性、便秘の改善
デトックス効果

娘役 7

デュエット

1

基本のポーズでまっすぐに立ったところから、右脚を大きく1歩後ろへ引く。このとき骨盤もいっしょに後方へ引かないよう、向きに注意する。

2

右腕を肩の高さに上げながら、腰をねじりななめ後方に向ける。

3

身体を少し前傾させながら右腕を弧を描くように前方に運び、肘を曲げて前でセット。左膝は自然にゆるめて完成。

効能
腹部の筋力、脚力アップ

憧れのあの人に可愛らしく寄り添う

デュエットダンスなどで、男役さんに後ろから寄り添うポーズです。腕、腰、脚と全身を連動させてつくるポーズなので、流れを頭に入れてトライしてみてくださいね。

❶で後ろへ脚を引いたときから、踵をしっかり床につけることを意識してください。他のポーズよりも動きがあるので、土台がぶれないように。そうすることによってアキレス腱のストレッチ効果も高まります。

❸の前傾姿勢はお腹の丹田に力を入れるのがポイント。ななめのラインは直線を心がけ、お尻がぽこんとしないよう注意します。腕の運び方は、上体まわりの空気を大きく混ぜるようなイメージで。勢いをつけつつ、ふわりと動かしてください。ポーズが完成した後も呼吸を続けてキープはしますが、あまり長時間は行わないように。

ファンの頃から、そして実際に舞台に立つようになってからもトップさんたちのデュエットを観るのが本当に好きで。純粋にコンビを堪能できるというか、お2人が互いを気遣う様子に仲の良さを垣間見れたりもして、ときめきましたね。私自身は「エキサイター‼」で、三組で登場するデュエットに壮一帆《そうかずほ》さんとペアで出させていただいたことがあり、とても思い出深いです。

お客様のデュエットに対する憧れってすごくあると思うんです。「いつかあの人と踊りたい！」というような。その男役さんのファンだとしたら、娘役を自分に置き換えてイメージしてみることもあるのではないでしょうか。このポーズを行うことで、想像にちょっとでも近づくことができたら嬉しいです。

娘役 8

霧の中

効能 背筋力アップ 血行促進

1 両膝を立てる。膝の間はこぶし1つ分あける。

2 息を吐きながら軽く脱力。

3 息を吸いながら、左腕を弧を描くようにまっすぐに持ち上げる。胸で天井を見るようにして完成。

まぼろしの世界から訪れた妖精のように

はかなげな雰囲気の漂うポーズ。例えば場面は夢の中のような空想の世界。そこに現れる娘役たちに用いられる動きです。

このポーズの注意点は、❸で腰を反らせすぎて折れないようにすること。反るというよりは胸で天井を見上げるように意識してください。呼吸にも気をつけて、必ず吸いながらお腹で引き上げれば、力が腰だけにかかるのを防げます。そうすることによって、無理なく背筋を鍛えることが可能です。両方の指先、目線の運び方も繊細に動かすよう、神経を行き渡らせて。

現実味のないシーンを演じるときは、身体から出すエネルギーの種類も違ってきます。はつらつとして見えてはいけないので、冷たい風がふうっと身体の中を通り抜けていくような絵を頭に描いて。バレエでいえば、妖精シルフィードのイメージです。この世のものではない存在、それらがたゆたうひんやりとした照明の舞台。

私自身は娘役の中で、どちらかと言えば身体もがっちりしているし、身長も高めのほうだったので、それらしいか細さを求められたときは苦心しました。どうしても人間っぽさや肉感的な雰囲気が出やすいんです。ショーで台詞もなかったりすると、身体の表情だけでそこに溶け込まなくてはいけない。試行錯誤し、まずは呼吸を細く静かに行うことから気をつけるようにしていました。振りによって周囲の空気を動かしはしますが、決して勢いは感じさせないように。これの対極となるのはスパニッシュの男役ポーズ。でも意外なことに筋肉の使い方はどちらもじわじわ系で近しく、ダンスの面白さ、奥深さを感じましたね。

娘役 9

黒いドレスの女

効能

肩こり解消、腹部強化
脂肪細胞に刺激を与える

1

基本のポーズでまっすぐに立ったところから、右脚をつま先立てて1歩後ろへ引く。

2

息を吸いながら左腕を曲げ、後頭部に添える。その後、息を吐く。

3

息を吸いながら右手を上に向け、上体を軽く左へ倒す。目線を左斜め下に向けて完成。

コケティッシュな魅力漂う小悪魔的ポーズ

現役の頃に自分で考えた通称「セクシーポーズ」です。私なりの色気を表現したものがこれ（笑）。娘役が何人もいる場面で「周囲と被らないようにポーズをつけてください」と言われたときによくやっていました。女性らしいS字のラインを意識しています。

ポイントは「花組ポーズ」と同じで肩甲骨を寄せること。肩こりへの効果はいっしょなので、気分によって男役／娘役の使い分けをどうぞ。❷と❸で腕を上げる際に、肩甲骨から大きく動かし、しっかりと中心に寄せるようにします。

❸で上体を横方向へ倒すときは、右の体側は伸びやかに、左の体側はお腹からウエストが潰れてしまわないよう、縮めすぎに気をつけてください。また上げた手の指先はややななめ内側に引っ張られるよう意識するときれいです。

娘役らしいはかなさにも苦労しましたが、セクシーさも不得意分野だと思っていました。下膨れの輪郭や顔立ちがどうしても幼い印象になってしまう。それに入団したての頃は「色っぽく」と言われると恥ずかしくてどうしていいのかも分からなかったんです。確か「ハロー！ダンシング」のときに、珠洲春希《すずはるき》さんから「あなたの場合はとにかく外国人をお手本に。容姿が子どもっぽい分、盛大にやっても大丈夫。むしろそのくらいでようやく色っぽさが出せるんだよ」と助言をいただいて、以来映画や「シカゴ」などの海外ミュージカルをよく見て研究しました。上級生の方が教えてくださることは、なるほど！の連続で。たくさんのアドバイスをいただけたことに今でも感謝しています。

娘役 10

寄り添いの銀橋

効能
脚力強化
リフレッシュ効果

1

基本のポーズでまっすぐに立ったところから、左脚を大きく1歩後ろへ引く。このとき骨盤もいっしょに後方へ引かないよう、向きに注意する。

2

息を吐きながら右膝をゆるめる。

3

息を吸いながら左手を胸元に運び、胸で天井を見るようにして完成。

愛しい人への想いを身体いっぱいに表して

デュエットダンスの最後、銀橋での決めポーズです。娘役が男役を見上げてのフィニッシュ。鳴り響く拍手、まぶしいスポットライト……大好きな男役さんをとなりに想像し行ってみてください。

気をつけるべきことはやはり、❸で腰が後ろに折れないように腹筋でしっかりと支えてあげることです。お腹にさえきちんと力を入れることができれば、上体の体重も必要以上に腰にかかりませんし、脚への負担も軽くなります。またデコルテをきれいに見せることを意識しながら、胸を開くようにしてください。そうすることによって気持ちも前向きに、リフレッシュ効果が得られます。❷で前の膝をゆるめる際には、前に出過ぎないようキープを。脚力が鍛えられます。

印象深いデュエットダンスはいくつもあるのですが、とくには「虞美人」フィナーレ、「エキサイター!!」、「ル・パラディ!!」という、それぞれトップコンビのさよならと出会いが入り交じったものが胸に残っています。すべて真飛さんの主演ですが、桜《さくら》乃《の》彩《あや》音《ね》さんの退団、蘭《らん》乃《の》はなちゃんのお披露目、そして真飛さん自身の退団という、どれもトップ2人の境遇が対照的で。

この娘役ポーズは愛を表現しているものだけれど、それら3つの公演に出てきたとして、娘役さんは全部違った演じ方で見せるはず。今までの感謝の気持ちを込めた愛なのか、新たに始まる愛なのか、はなればなれになってしまう愛なのか、そんな様々な愛の姿が2人きりのダンスという形で昇華されている。だからデュエットは魅力的。大好きな理由はそれに尽きます。

自己流デトックス2

グリーンスムージー

新しく取り入れたデトックス方法の1つに、グリーンスムージーがあります。我が家ではまず母が始めて、お通じにすごく効果があるから私にもおすすめって。初めはにんじんベースの野菜ジュースだったんですけどね。

そこからさらに調べてみたら、実は根菜を用いるよりも、葉もの野菜＋フルーツの組み合わせが良いと知り、グリーンスムージーにたどり着きました。フレッシュな酵素を効率よく摂取できる方法として、ずいぶん定着してきていますよね。今では完全に習慣になっているので、飲まないと気持ち悪くなってしまうくらい。

葉もの野菜は小松菜やチンゲンサイ、パセリなどそのときどきで変化をつけて。少量のお水、りんごや旬の果物といっしょに、ミキサーでしっかりと混ぜあわせる。私はミキサーいっぱいに（約４００㎖）作って、朝、掃除や洗濯をしながら、合間にちょっとずつ飲んでいます。飲んだ後30分くらいは、せっかくの酵素が壊れてしまうから胃に何も入れないようにして。時間をかけて摂ることも大事なので、自然と早起きにもなりました（笑）。

最近はスムージーの前に「白湯飲み」も取り入れるように。これは起きて一番にお湯だけを飲むという毒出し法。相乗効果か、舌もリセットされてきました。スムージーを始めた頃はそれだけだと味気なく、韓国のザクロ酢などを混ぜて甘味を加えていたし、野菜スープもコンソメ抜きだと物足りなかった。そんなもともとの濃い味好きが変わってきて、今では素材そのものの味が美味しく感じられるようになったんです。

なので野菜やフルーツの選び方にも気を配るようになってきました。ネットで品種などを積極的に調べたり産地をチェックしたり。

普段はレッスンと家との往復で、あまり外食する余裕もない自分へのせめてもの贅沢《ぜいたく》。これからも使っていく私の身体、続いていく人生への投資です。

Interview

辛いお手紙も大事にしていました

音楽学校に入学するまでは、ダイエットに夢中になったこともありましたが、本当の意味では自分自身にコンプレックスを感じていなかったんです。ようやく十代の半ばで、まだ深く悩む歳でもなかったというのもあります。でもいざその環境に身を置いてみると、それらがものすごく浮き彫りになりだした。容姿も能力も優れた同期[1]、先生方の厳しい指導……時間が経つにつれて、ひしひしと自覚する機会が増えていきました。

★　★　★

音楽学校に合格したときはただただ嬉しくて。でも周りの方々、例えば私がとても尊敬しているバレエ教室の先生から「すごく苦労するかもしれないね。なぜならあなたは井筒《いづつ》親方の娘。良きにつけ悪しきにつけ、どうしても注目を浴びるはず。きっとそのことに関して必要以上に取り沙汰されると思うよ。心を強く持ってね」と忠告をいただいて。自分でもある程度は予測していましたが、実際「こんなに言われるんだ！」と。入団の際にスポーツ紙をはじめとするマスコミに取り上げられたことも衝撃的でした。その後も文化祭にしろ卒業にしろ、親方の娘ということで度々紙面に掲載されたりして。背景として他に同期には、分かりやすい有名人の親御さんがいらっしゃらなかったということもあったとは思うんですが……。そして普通の女子中高生として暮らしていたなら、ありえないくらいの批判の数々。それらがだんだんと勢いを増して向けられるようになったんです。

★　★　★

予科の頃から少しずつお手紙をいただき始めたんですが、その時点ですでに、合格したことに関する誹謗《ひぼう》を、文面を通してではありますが受けました。具体的には、父親の相撲業界のコネを使ったに違いないという内容。もちろん匿名でです。どんな方がしためたのかは分からないけれど、そう思う人が確実に存在している。本当によくも悪くも注目されるというのはこういうことか……と、まざまざと思い知らされました。とはいえ音楽学校の予科・本科はまだ学生の身分。本当の試練は入団してからだろうな、と気を引き締めたのを覚えています。

★　★　★

2006年に入団し、研1の終わり頃に轟悠《とどろきゆう》さんのコンサートへ、当時所属していた宙組の選抜メンバーとして出演させていただいたんです。そのときいただいたお手紙には本当に厳しい言葉が綴《つづ》られていました。でもそれは単なる中傷ではなく、舞台人としての在り方に関すること。「ただ可愛いだけの雰囲気に頼ってステージに立つのではなく、演じ手としての技術を学んだほうが良い」という内容でした。うっすらと自覚していたことだったので、指摘は辛くはあったんですけれど、読み返すうちにありがたいと思えるようになって。これは後々まで、頑張りのタネになりました。

★　★　★

一番強烈だったのは花組に組替えが決まったときにいただいたもの。異動によって私がトップ娘役になると思い込まれた方から「日本相撲協会が莫大なお金を払って、あなたがトップの座を買ったことは知っています。そんなことをして恥ずかしくないんですか?」と。もう父親個人が、という次元ではなかったこともあり、困惑しきりで。もちろん実際にそんな事実はないわけですけれど。そして私の容姿に関するありとあらゆる中傷が何通も。見ず知らずの人からそこまで直接的に憎まれるということが初めてだったから正直、ああ、もうダメかもしれないと心が折れかけました。

個人的な境遇に触れる話なだけに、同期にも友達にも相談できずにいました。唯一母には話したけれど「そんなの放っておきなさい」の一点張りで、さほど向き合ってはくれなかった。辛かったけれど、親からしてみれば誹謗中傷はおそらく予想の範囲内。私が直面するよりもずっと前から、その覚悟があったんでしょう。だから結局のところ、自分の中でどうにか処理していくしかなかったんですね。

その当時、父との関係が良好というわけではなかったことも、よけいにお手紙の言葉が刺さった原因だったと思います。まだ思春期を引き摺ったまま親元を離れたものだから、父に対しての勝手な思い込みが激しかったというか……私なんかよりも相撲のほうがずっとずっと大事なんだって。もちろん今となれば、ちゃんと理解できることなんですけれどね。私が彼の立場だったらそうする、あえて娘に厳しくして部屋のみんなを大切にするって。当時はそれがまったく分かっていなかったから、どちらかというと父のことが嫌いだったんです。どう接すればいいのかということも、離れ離れに暮らしている距離感も手伝って摑めなかった。

父は宝塚入りに反対していたということもあって、私のために何かやってくれるわけがない、分かってくれるわけがないとも思っていました。その反対の理由だって、かつて父も相撲界の二世力士として注目されてきた立場から、娘に似たような苦労はさせたくないとの考えによるものだったんですけれど。何せ当時はちゃんと向き合って話すこともなかったから、それを知る由もなかった。だから心の中は、好きで有名人の娘に生まれたんじゃない！って想いでいっぱいでした。

★　★　★

そしてお手紙でさんざん言われた容姿。グーで殴られたような顔だとか、太っているとか脚が短いとか、もう枚挙に暇《いとま》がないほどだったんですけれど。でもそれらに対す

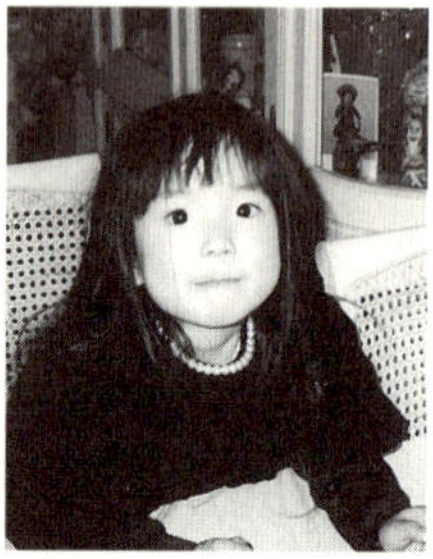

3歳頃だと思います。すでに輪郭は一緒です

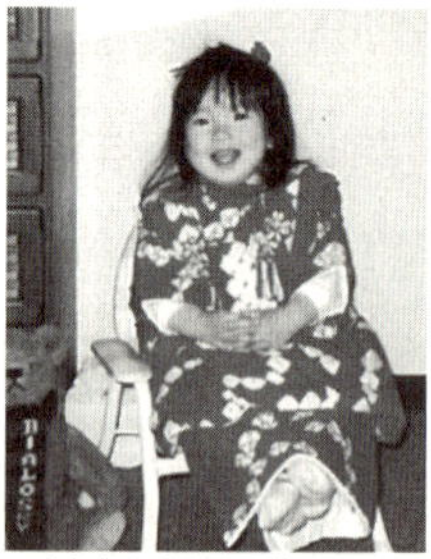

こちらもおそらく3歳の七五三。なぜか着物がツンツルテン（笑）

るコンプレックスは、宝塚に入ってから周りにきれいな人が多い中で実感していたし、自分は整った顔立ちではないんだなっていうことは考えていたので……。とはいえ生まれ持った姿形、一体どうしたら?!って。

だから自分に与えられた道は、舞台でそれらの言葉を見返してやること。お金やコネで入ったのではないということを証明しなくては、結局いつまでたってもそういうふうに言われてしまう。角界の娘であることも自分の顔も、変えようがない。変えようがないなら、それらを上回るくらい得意なことを見つけようと、気持ちを切り替えたんです。

そしていつまでも「井筒親方の娘」というレッテルに反抗するのではなく、むしろ注目が集まることを1つの武器として捉える。舞台人としての存在感を磨き、いつの日にか「天咲千華のお父さんが井筒親方」と、宝塚ファンの方の認識がチェンジするくらいに知名度を上げていけば良いんだって。そんな理想を胸に秘めていました。

★　★　★

あとはお手紙の誹謗中傷に対する意識そのものも、ちょっとずつ変化していったんです。どんなに酷いことが書かれていようとも、すべては舞台を観に来てくださった方の一意見。お金を払って劇場にいらっしゃる、いわば「消費者」の方が仰《おっしゃ》ること。だからステージという商品を提供する側としては、どんな意見も無下にはできないし、ただ傷ついて終わってはいけない。それはやはり自分の責任だと考えられるようになったんです。初めは泣いて泣いて、それでも無理矢理に。心からそうは思えなくても、事実なんだからしょうがないと自分に言い聞かせ、導き出した1つの答えでした。

私なりに理論立てて考え、方向性を定める。そうすることが、進んでいくための最善策であると。母親にも提示して、気持ちを奮い起こしていました。それでずいぶん立ち直れたように思います。

★　★　★

そうやって私を支えてくれた数々のお手紙は、どんな内容にしろ大事なもの。むしろ厳しいものこそ、それをバネに頑張ることができたんですから。そして退団後には感謝の気持ちを込めてさよならしました。よりどころの1つだったけれど、新しい人生を踏み出すにあたって、いつまでもそこに頼っていてはいけないな、と。すべてのお手紙は私の糧《かて》、本当に貴重な存在でした。

注1【同期】受験資格が4年にわたるため、年齢がいっしょとは限らないが、同じ年に入団したメンバー。宝塚では「同期」は特別なもので、退団後もそれは変わらないとのこと。ちなみに、あまちゃきちゃんは92期。

自★己★流
デトックス
3

黒酢ドリンク

お風呂の前は「黒酢ドリンク」が習慣。花組時代、当時トップだった真飛聖さんも、入浴前に飲むと汗が出やすくなるから良いらしいと仰っていて。だから在団中から今日まで素直に続けています。

これもすごく単純なもので、ただ黒酢をお水でかなり薄めたもの。たっぷり目にコップ一杯作ります。私はこのままいただくのが好きですけれど、メープルシロップやはちみつを入れても飲みやすくなっておすすめ。炭酸で割ってもいいと思います。もろみ酢とか、いろいろお取り寄せして自分に合うものを探したりするのも楽しい。

最近は「冷えとり」を意識していることもあり、冷たいお酢は良くないと知ったので、常温が基本。ときにはホットでいただくこともあります。

余談ですが、仕事に行くときもドリンク用の一式＋αを持って行くんです。お酢ボトルと常温のお水。他には豆乳コーヒー用のステンレスタンブラーに、白湯用タンブラー、あと野菜スープを入れた保温ジャー。カバンめっちゃ重いんです（笑）。

これはもともとは在団中、同期のいまっち（真瀬《まなせ》はるか）が発祥なんですよ。舞台の終演後、彼女が黒酢の瓶を取り出して紙コップに入れて、ミネラルウォーターを注いで、その場で作って飲んでいる様子がすごく美味しそうで、ちょっと飲ませてもらったんです。そしたら私もすごいハマって。

でも自分の極端な性格が災いし、飲み続けているうちにどんどん濃度が上がっちゃったんです。酸っぱさがちょっとした〝気付け〟になるから、ストレス解消!って感じで。初めは良かったんですけれど、相当刺激のあるものをぐいぐい飲んでいたら、とうとう公演中に気持ち悪くなってしまって。そんなときでも舞台上では不思議と平気だったんですけど……でもソデに入った瞬間「うぅぅ」みたいな(笑)。

だから分量には気をつけて、ごくごく薄め、ちょっと物足りないくらいでいいと思います。空きっ腹にももちろん注意してくださいね。

これ オススメ★
黒酢
おいしい!
体にいいし おいしいし
ガンガン飲めるわ~
まだまだ
飲めるわ~!!

Interview

刹那的な想い、ヨガとの出会い

宝塚在団中は常に「今」だけがすべて。それだけを聞くとなんだかかっこいいようですが、決してそうではなく悪い意味で文字通りで。自分の身体や健康に対してなんて浅はかだったんだと、振り返ってみれば反省することしきり、といった感じでした。

★　★　★

いつも、今さえ舞台に立つことができればもう……大袈裟な言い方ですけれど、死んでも良いと思っていたんですよ。私が無茶なダイエットを繰り返していたのも、声が出なくなって毎日強い薬を飲んでいたのも、退団後すぐ病気になって寿命が縮まってもいいと本気で思い込んでいたからだったんです。

★　★　★

声が出なくなるという事態におちいったのは研3、宙組「パラダイスプリンス」のときでした。大劇場公演[1]での初の通し役[2]。それなのに東京公演の初日、風邪でガラガラ声になってしまったんです。そのこと自体はもちろん、舞台人としての意識の甘さがもの凄く恥ずかしかった。

私が声を出さないことにはどうにもならない、誰も代わりに台詞を言ってはくれない。しかも自分としても大好きな、やりがいを感じていた役だったので、それに100%で挑めないという現実……舞台に関わってくださるすべての方、お客様に申し訳ない気持ちでいっぱいでした。

それ以降、実は退団するまでの間ずっと、喉に対しての恐怖心がつきまといました。毎公演、何かしらのトラブルで声が出なくなるという状態。喉って精神面がダイレクトに影響する器官なんです。「だめかも」って思っただけで、それが本当になったりするんですよね。私は生まれつき扁桃腺が大きくて、子どもの頃からしょっちゅう腫らしていたこともあり、人一倍気をつけなくてはという強迫観念もあって。

新人公演の前はお稽古や準備で、どうしても睡眠時間が減って疲れも溜まりがちになります。加えてのダイエットでまともな食事もしていないから、よけいに声が出なくなる。ちょっとでも兆候が現れると親に「のど飴とか薬を買ってきて」って連絡して。役者さん御用達の病院にステロイドの処方もお願いして、毎日のように飲んでいました。本当はそんな頻度で摂ってはいけないものなんですが、その場を切り抜けるためにはどうしても必要でした。余談になりますが、辞めた瞬間は「これからは明日声が出なくなるかもしれない心配から完全に逃れられるんだ……」とずいぶんほっとしたものです。

当時は生理も乱れて、4ヶ月間止まらなかったりだとか……もう完全に心身共々おかしかったんです。蛇口からぽたぽた垂れている状態で、もしかしたら子どもが産めなくなってしまうんじゃないかって。ちゃんと身体をいたわりなさい、ご飯を食べなさいって言われても、そのときだけ良ければ満足だったから、最悪将来お母さんになれない身体になってもいいって考え方に支配されていた。本当に、なんてばかだったんだろう。もう昔の自分を思いきり殴ってやりたいくらいです。

★　★　★

私はもともと、扁桃腺が大きめなことを除いては身体が丈夫なんです。それも在団中の無理な生活に拍車をかけた原因でした。小さな頃からさしたる病気にかかることもなく、続けていたバレエでも怪我知らず。関節などをぐにっとやってしまってもまったく平気で踊り続けられる。良いのか悪いのか、ダンス向きの筋肉を持っているらしく、比較的振りの覚えも早ければ、回転や跳躍にもつまずきがありませんでした。

お世話になっているバレエの先生からも「いい筋肉に頼りすぎている」としばしば指摘されてきました。

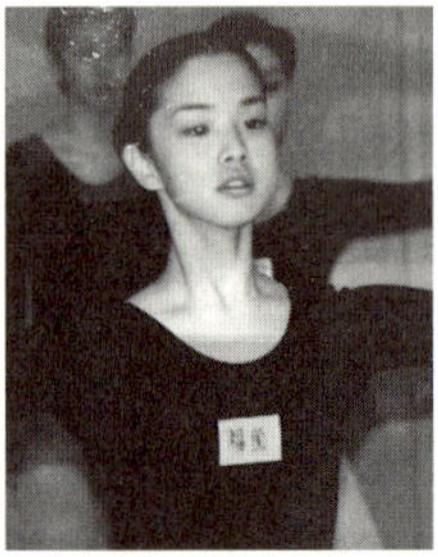

予科生時代の授業中です。ほっぺが……（笑）

外側の筋肉、いわゆるバネだけを使っている状態だったんですね。なまじ踊れてしまうから、当時は先生が仰る本当の意味が理解できなかった。いまいちピンと来ないままレッスンをこなしてしまっていて、身体が出す危険信号に気付けなかったんです。

★　★　★

在団中は意地でも休演なんかするものか、と気を張っていて、おかげさまで休むことも怪我をすることもなしにやってこられたんですけれど、辞めて一ヶ月ほど経ったある日、首がまったく動かなくなってしまったんです。退団したことによって気持ちが緩んで、今までの無理が一度にガッときたんだと思います。

朝目覚めたら首がまるで動かず、ベッドから起き上がれなくなった。家の中にいたけれど母を携帯で呼んで起こしてもらい病院に運ばれました。もとからストレートネックではあったんですけれど、それにしてもレントゲンをとっても分からない。ヘルニアでもないし……と原因不明で。もしかしたら過去の負担が全部来てしまったのかもしれませんね、と診断され、直接的に打つ手はない情況でした。

それでも痛みの緩和にと、ブロック注射でボルタレンを打たれる毎日に。横になることができないから、夜は座った姿勢で寝ていたんですが、それだと当然眠りも浅くなるので首以外の体調も崩してしまって。おかげで風邪がじわじわと2ヶ月間も続きました。

★　★　★

日々病院通いという情況は生まれて初めてのことでしたし、この麻酔のような注射を打たないと日常生活を送れない、まともに歩けないっていうのがショックで、一生このままだったらどうしようと。在団中常に考えていた「今さえ良ければいい」のツケが回ってきたんだ、死んでも良いと思っていたはずなのに、そんなのは絶対に嫌だ！と。痛みと闘う日常の中、初めてちゃんと健康に意識を向けた瞬間でした。そう、遅いと笑われるかもしれませんが、宝塚を辞めても私の人生はこの後何年も続いていくんだって、そのとき初めてまともに自覚したんです。

★　★　★

ヨガに出会ったのはちょうどその頃。通っていた病院の先生に「激しく動けないんだったら、ヨガはおすすめですよ」って仰っていただいて。ヨガ自体は、在団中にスポーツジムのクラスで2回くらい参加してみたことはあったんです。でも当時はこれといった手応えを感じませんでした。そんな経験もあり、自分はどちらかというとアクティブに踊るほうが好きだし、静かな中での運動は性分に合ってないんじゃないかと思っていたんですけれど、悠長なことも言っていられない。この状態が少しでも良くなるのなら、もう何でもしよう！と。藁《わら》にもすがる思いで始めてみたら、首がたちまちに治ってしまったんです。本当に不思議で、劇的に良くなった。1週間くらいで痛みが引きはじめて、1ヶ月が経つ頃には普通に歩けるようになっていました。

★　★　★

毎日痛くて泣きそうだったところから我慢できる程度へと、それはものすごい進歩でした。身体と心を見つめ直すというヨガの本質的な部分が、そのときの自分にドンピシャだったんです。初めて伺ったレッスンで、私がそれまでぼんやり考えていたことをインストラクターの方がはっきりとした言葉で仰って「わ、すごい」って。

不調の原因は首だけが悪いんじゃなく、身体全部の問題だったということ。筋肉って繋がって連動しているものだから、全身を使ってバランスを整えてあげればいいんだなって。この先、自分の身体はどうなってしまうんだろう、一生付き合っていく身体にどう接していけばいいのだろう、そんな漠然とした不安を正しい方向へガイドしてもらえたような感覚でした。

★　★　★

ヨガに取り組みはじめたことによって、ストレスとの向き合い方も、だんだんと分かるようになってきました。だからと言ってそこからいきなり解放されるというような、唐突なものではないんですけれどね。でもヨガの最中は、不調を感じている状態を少し遠くから客観視しているような感覚になることができるんです。自分自身をちょっと傍観するような、もやもやとした思いから離れられる感じ。そんなところも面白く、これからもっと突き詰めていけたら、と考えています。


注1【大劇場公演】兵庫県宝塚市にある「宝塚大劇場（座席数２５５０）」と、東京都千代田区にある「東京宝塚劇場（同２０６９）」でのレギュラー公演のこと。基本的に特定の組の全員が出演し、主演はその組のトップスターとなる。

注2【通し役】お芝居の最初から最後まで１つの役どころのみを演ずること。下級生の頃は、群衆や通行人など、ストーリーに直接絡むことの少ない役をたくさんこなすことが多い。

「47／48」の成績後に勝ち取った賞

音楽学校時代、48人中47番という成績をとったことがあるんです。本科生になって最初に行われた試験で、科目は演技。ちょうど先生方の反対を押し切って、男役になった時期です。厳しい演出家の先生からいただいた評価は「まるでテレビ芝居」。確かに得意ではなかったけれど、そこまでの苦手意識を感じていたわけではなかったので、ものすごく悔しかった。「こんなんじゃ、何のために入団したのか分かりゃしない！」って。

★　★　★

それまでの私は幼い頃からずっと、異常なくらいの恥ずかしがりやでした。宝塚を観てときめいても、自分があの舞台に立つことは想像もしなかった。幼稚園でもひと言も喋《しゃべ》らないような子どもで、例えば知り合いの大人に「こんにちは」って言うだけで泣いていたんです。でもバレエはとても好きだったので、踊ることを職業にしたい、将来の夢はバレエの先生って思っていて。

宝塚に入りたいと意識しだしたのは中学生の頃。ちょうど宙組さんが発足した公演を観て、幼い頃の憧れが再燃したんです。学校が終わると毎日のように日比谷に行っては出待ちして。「エリザベート」は全幕の台詞を覚えたくらい、その頃の宙組さんにのめり込んでいましたね。だから初舞台も最初の配属も宙組だったことに運命を感じました。

★　★　★

宝塚は入団してからも試験があって、そこで優秀者は賞をとれるんです。時期は研1、研3、研5の年度末で、いわば学年末試験のようなもの。これは私にとって、あの成績を挽回するチャンス。一番不得意な演技で評価されるようになろうと、とにかく頑張りました。その頃から少しずつ恥ずかしがりやの部分は影を潜め、人前に出て何かを演じる楽しさを感じられるようになっていました。研1のときは余裕もなく、何か役がつくような状態ではなかったから、研3の試験に目標を定めるようにして。舞台上でガヤでいるときから、真ん中に立つ人のお芝居をよく見たりだとか、大勢の中の1人でも何かしら表現できることはないか、と考えて動いてみたり。

★　★　★

研2のとき、初めての通し役をいただいたんですね。宙組「バレンシアの熱い花」の新人公演でした。和音《かずね》美桜《みおう》さんが本役の、主人公の婚約者・マルガリータ役。歌のソロもありましたし、長い台詞を喋るのも初体験だったので、とにかく今できることはすべてやろうと取り組みました。通常の練習のみならず、外部の演劇のレッスンにも通ったり、1人でも時間が許す限り練習をしていたんですけれど、お芝居の評価は振るわず「若いのによくやっている」程度のものだったんです。

思い返せば、その必死さの中身はひたすら本役さんを真似ることでした。言い回しから何まで、外側をなぞっているだけ。その役を自分なりに表現するだけの技術もなかった。けれどまだその未熟さに、はっきりとは気付けなかったんです。

★　★　★

その後同じ演目で全国ツアー[1]へ。和音さんは同時期にバウホール[2]公演のチームだったということもあり、ここではおそれ多くも本役を任されました。専科[3]さんや組長さん、トップの大和《やまと》悠河《ゆうが》さんともお芝居させていただいてとても貴重な経験でしたが、やはり評価はさして変わらず、「可愛いだけのマルガリータ」と言われてしまいました。本当に、心の底から悔しかった。

また、入団後初のツアーでもあったんですね。「全ツの最下級生は大変だよ」とまわりから言われていたんですが、それは想像を絶するものでした。役者としての働き以外に、たくさんのことをこなさなければならない。貴重品を集めることや、お衣装のアクセサリー類を全員分分配すること、上級生の方々の早変わりのお手伝いや舞台への誘導。移動の際には一行を案内したり交通機関での席順を考えたり。限られた時間と人数の中、常に走り回っている状態。初日は慌ただし過ぎて開演30分前までスッピンでした。これは今でも、同期のすみれ乃麗《のれい》ちゃんとの間で語りぐさになるくらい辛かった思い出。与えられた役への課題に加え、ツアーをちゃんと回していくお手伝いを任されている。それらの責任とプレッシャーに押しつぶされかけてしまいました。

そして、相変わらずどれだけ一生懸命やっても雰囲気が若い、幼いと言われてしまうという悩み。「可愛かったです」と言葉を掛けていただけることは本当にありがたかったけれど、自分はそれだけでしかないのかな、と。演出家の先生にあれだけ指導していただいたのに、結局は〝お人形さん〟なのか、私という人間が演じる意味があるのか、と。

★　★　★

ならばあえてまったく違う役、いわゆるストレートな可愛らしさとはかけ離れた役を目指してみようと思いました。チャンスはめぐり、次の演目「黎明の風」新人公演では、本役で花影《はなかげ》アリスさん演じる戦場カメラマンの役をいただくことができました。そして花影さんとは思いっきり違った役作りで挑んだんです。最終的には自分として、あまり納得のいかない出来になってしまったんですけれどね。でもそこで

本科生のときの演劇発表会です。
貴重な男役時代！

やはり本科生で、すみれ売りのときのもの

いただいたお手紙に「こんな役もできるんですね。マルガリータと同じ人とはまったく思いませんでした」と書かれていて、ものすごく嬉しかった。お客様から初めて、演技自体に触れていただけたお手紙でした。

そしてツアー終了後に行われた研3の試験で、初めて演劇で賞をいただくことができたんです。結果は48人中2番。厳しい演出家の先生方が、良いという評価を与えてくださった。それは自分の中で1つ、確かな自信が生まれた瞬間でした。

それまでは悩みと迷いの中にいて、言われたことにいちいちへコんでしまってたけれど、そこを越えることができたかな、と。まだ至らないところだらけではありましたが、自分の芝居というものを見つけられたからこそ、ようやく「私は宝塚にいていいんだ、当たり前なんだ」って思えるようになったんです。

★　★　★

芝居で舞台に立つには、ただ演技を学べば良いというわけではない。未熟ながらも徐々にそれが分かってきました。あそこは自分が、そしてその生き方がもろに出てしまう場所。引き出しの少なさ、さらには人間的な浅さが顕著に表れてしまう恐いところです。「人」対「人」のぶつかり合いがあってこそ、観る人に届けられるものがある。自分の内面を磨かなくては、と思ってもすぐに成果は表れない。私が感じていたつまずきや悔しさの正体は、突き詰めていけばそこにありました。

★　★　★

在団期間も後半になってくると、技術的な面に対して気付くことも増えました。どんなときも勉強する目線で、内外問わずいろいろな舞台を欠かさず観に行くようにもしていました。その甲斐あってか、少しずつではありながら、いくつかのコツは掴めてきて。何となくこういう間合いと発声をすればそれらしく聞こえるんだ、とか、役柄に合ったイントネーションの重要性だとか。

そう、テクニックで外側を固めていけば、それなりの上手さを装うことはできる。しかしお客様が感動するかは分からない。かといってエモーショナルに偏っても、例えば2階席の最後列まできちんと届くかと言えばそれもあやしい。技術と感情とのバランスは、最後まで難しい問題でした。

でもあるとき思ったんです。「ここで私の演技は正解、完璧」っていうのは、どこまで行ってもないものなのかもしれないと。1つの公演の中で、これだ！と思っても、また次に違う役がやってきたら、同じ道筋をたどるわけにもいかない。専科の方にお話を伺っても、皆さんいつまでも勉強だと仰います。私の何倍も舞台に立っていらしてもそう感じるということ。だから、そのとき自分にできる精一杯を見ていただくより他にないんだなって。それは立たせていただいたすべてのステージから、私が得た答えでした。

注1【全国ツアー】2～3公演ずつ、全国の都市にある劇場を回りながら公演すること。劇場によって舞台の大きさや造りなどが異なり、当然楽屋での準備や片付けもその都度しなければならず、タカラジェンヌの負担も多いが、追いかけるファンの負担もそれなりに（以下略）。
2【バウホール】宝塚大劇場に隣接する526席の小劇場で、ここで主演をすることがスターへの第一歩。
3【専科さん】組には所属をせず、公演ごとに特別出演という形で出演する生徒。主に老け役をこなし、芝居に厚みを持たせ、脇を固めることが多い。

TAKARAZUKA

NAGARA

Exercise

ヅカオタあるある♡

ながら
エクササイズ
ON&OFF

ながらエクササイズ

観劇編 1

劇場が近づくごとに美しく
振動さえも魅力に変換

【電車にて】

劇場への乗車時間を使い体幹を鍛える方法。つり革にかけた手をわずかに浮かせ、電車の振動を身体全体で受け止めてまっすぐに立つ。身体の中心に揺れを集めることをイメージ。激しく不安定な場合は即つり革を握ること。

TAKARAZUKA REVUE
タカラヅカを 知らない人生なんて
Heat on Beat!
骨盤を立てた正しい姿勢で立つ。足裏はしっかりと床につけ、肩を下げあごを引く。つり革に添える手つきはエレガントに娘役を意識。

ながらエクササイズ 観劇編2

すべての道は私の銀橋
ヒロイン気分で歩むべし

【歩道にて】

劇場への徒歩時間を利用したインナーマッスル鍛錬法。まず骨盤を立て背筋を伸ばし、脚を鳩尾《みぞおち》から出すイメージで歩く。呼吸は吐く際に腹筋に力を入れ思いきりへこませる。一本のまっすぐな線の上を進むように意識すること。

肩の力を抜き、両腕は自然に振るように。首を長く保ちデコルテを開いて優雅な気持ちで。「人から見られている」という意識を持つこと。
TOKYO TAKARAZUKA
Hibiya Sta.
Quatre Rêves

ながらエクササイズ
観劇編 3

観劇中も忘れない
優美な姿勢と正しい呼吸

【座席にて】

観劇中のインナーマッスル鍛錬法。後部座席の方の迷惑にならない程度に、骨盤を立て背筋を伸ばし、全体重で椅子に寄りかからない。脚は組まず内股同士をぴったり閉じる。思い出した際に、息を吐きつつ腹筋をへこませると効果的。

前屈みの姿勢は、観劇中のマナーとしてはもちろん身体のためにもNG。骨盤は水をたたえた器とイメージし、中身がこぼれないよう保つ。

ながらエクササイズ
観劇編 4

天然のコルセット引き締めて
最愛のあの人にご対面

【ガードにて】

ガードの体勢を利用した腹部トレーニング。丹田に力を入れ上半身をまっすぐ保ちながら、立ち座りを繰り返す。しゃがむ際には腰の後ろ側を伸ばすこと。背中から腹部をコルセットのように囲む「腹横筋」の存在を意識し行う。

TAKARAZUKA
脚力だけに頼ってしゃがむと外側の筋肉が発達し太くなるので、丹田を意識し動くことが重要。踵が地面に付かない方は無理のない範囲で。

ながらエクササイズ
観劇編 5

背負い羽根のごとく迸《ほとばし》る余韻
それは美のエッセンス

【ギャラリーにて】

正しい立ち姿勢の鍛錬法。丹田に力を入れ骨盤をまっすぐに保つ。両肩が前を向かないように一度後ろに開いて、すとんと落とす。「下からファスナーを閉める」ように引き上げるイメージで、身体の内側に意識を集中させる。

銀河英雄伝説
さっき観たトップさんの羽根を背負っているかのように正しい姿勢を意識すれば、待ち時間もより楽しく、体幹トレーニングもばっちり。

ながらエクササイズ
だらっと
インドア編

継続は易し
怠け者にも
美神のほほえみ

怠け者にこそ向くストレッチ7選。舞台の映像を眺めたり主題歌などを聴くついでに簡単に導入できる。いくつか組み合わせても1つだけでもよい。体調や疲労の程度と相談しつつ、自分なりのプログラムで行うことが継続のポイント。

腕と脚を直角に上げ、小刻みにぶるぶる揺する。毛細血管の働きを高めることによってリンパや血の流れが良くなる。冷えやむくみの改善に。

脚を直角に上げ、左右に開閉を繰り返す。開く角度は無理のない範囲で。閉じる際の動きはできるだけゆっくり行うとより内転筋※に効果あり。
（※太もも内側の筋肉。鍛えることによってシェイプアップやセルライト予防に効果）

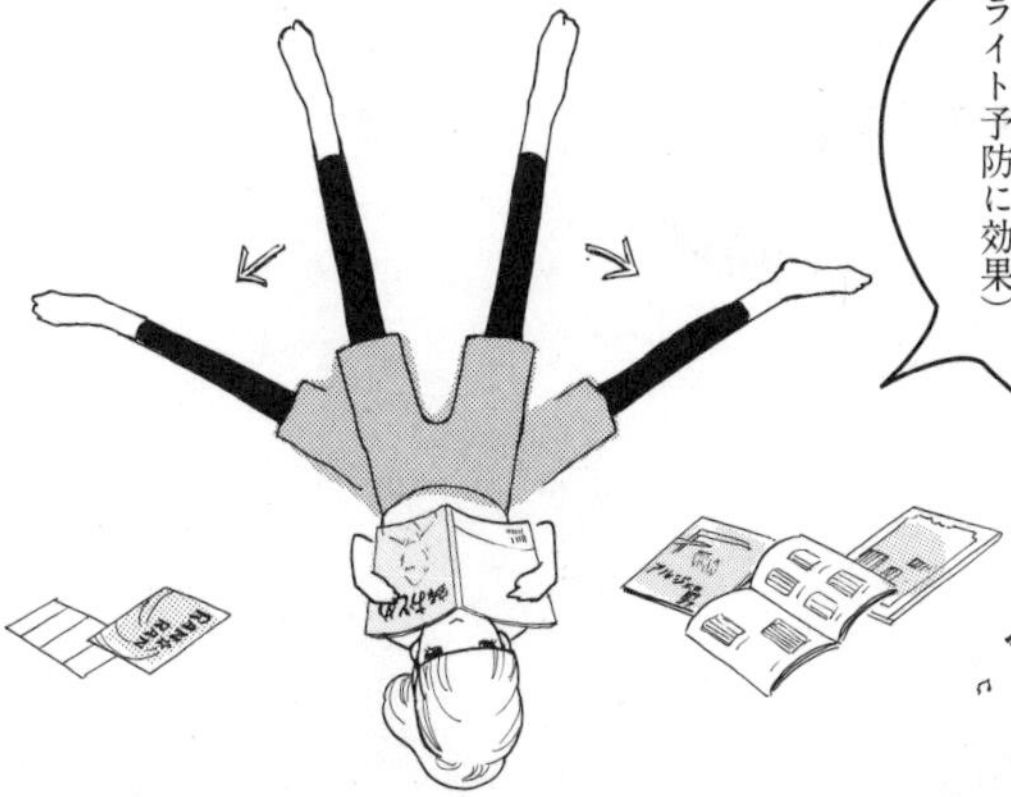

股関節の簡単ストレッチ。寝転がり立てた膝を左右に開きキープ。眠る前に寝床で行うのもおすすめ。
上に掛けた布団がほどよい負荷になる。

骨盤のゆがみを整えるストレッチ。片膝を立て反対側に倒す。これを左右行う。
お尻からウエストにかけて効果があるので、くびれ作りにも◎。
春の雪
GONGA
開き気味の骨盤をシェイプ。片脚を「お姉さん座り」の要領で外に曲げ上体を後ろに倒す。
これを左右、腰を痛めないよう浮かしつつそっと行う。
PHOTO ALBUM

脚を直角に上げる。両膝を曲げて踵でお尻周辺をぱたぱたと叩くようにして刺激。リンパ・血流が良くなる。
朝、目覚めた直後にも効果的。
右膝を左に倒し、左脚でブロックするように重ねる。気持ちよく腰まわりが伸びていることを感じながら、少しの間キープ。
反対側も同様に行う。

自★己★流デトックス 4

ひとりカラ鉄のススメ

ひとりライブをよくやるんです。めっちゃノリノリで歌って踊ってってていう、ストレス解消法。家でもやりますけれど、ひとカラもすごく好き。よく行って、2時間みっちり歌い続けたりしています。今までのマックスは5時間。

私はずっとオタクなので、歌うのは断然アニソンや初音《はつね》ミクなどボーカロイドの曲。お店は、このあたりのナンバーを網羅している「カラオケの鉄人」がお気に入りです。大好きなニコニコ動画のPVを、曲に合わせてそのまま流してくれるからもうオタ大喜び（笑）。すっごくテンション上がるんです。

定番は巡音《めぐりね》ルカちゃんの「ルカルカ★ナイトフィーバー」、これもボカロの曲でアップテンポなダンスミュージックなんですけれど、完全になりきりで。PVに合わせて振り付きで歌うんです。かなり激しいから1曲を歌い終わると5分は立てなくなる。汗だくでしんどいけれど、爽快さはお墨付きです。初音ミクの「深海少女」も外せません。好き過ぎるその感情を込めたら、この間は97点を叩き出したほど。カラ鉄にはボカロ用の歌本があるので、まず初音ミクで引いて、知ってる曲をあ行からガーッと入れるんです。あとは「世界名作劇場」の「ロミオの青い空」オープニングテーマや、林原《はやしばら》めぐみさんの曲も大好きです。

私の場合はこんな感じですけれど（笑）、皆さんにもご自分の好きな音楽で一度やってみて欲しいですね。例えば宝塚のＤＶＤを見ながらだとか。アクロバティックなことを真似するんじゃなくて、本当にできるところだけ。決めポーズだけ一緒にやるのでも、むちゃくちゃな踊りでも、何でも良いと思うんですよ。別に誰に見せるわけでもないから、恥ずかしがらなくても大丈夫。

ただ眺めて「わあ、素敵……」で終わらせていたところをちょっと越えてみる。身体に任せて動いちゃえ！ってなノリで一度試してみたら、きっとハマりますよ。そして代謝もあがって脂肪も燃焼できる。運動自体が苦手な私でも続けていられるのは、やっぱり理屈抜きで楽しいから。ぜひ、ひとり時間のワンシーンに取り入れてみてくださいね。

Interview

宙から花。組替えショック

宙組から花組へ、研3の後半に突然組替えを言い渡されました。ちょうど中日劇場公演[1]のお稽古中で、公演まであと半月という時期でした。劇団プロデューサーに急に呼ばれて「この公演が終わったら花組に異動してもらいます」って。青天の霹靂《へきれき》とはまさにこのこと。この公演時期の組子は中日とバウホールとに分かれていましたから、つまりは金輪際いっしょの舞台に立てなくなる人たちがたくさんいるということなんです。初舞台もその後の配属も、ずーっと宙組だった。そんな私が一体なぜ、と思いました。

★　★　★

中日公演の演目は「外伝　ベルサイユのばら―アンドレ編―」（以下、ベルばらアンドレ編と表記）。私は子ども時代のアンドレ役で、相手である子役のマリーズを演じるのは同期の百《もも》千《ち》糸《いと》。故郷のプロバンスからベルサイユに行くまでが私たちの主な見せ場でした。その中に幼なじみのマリーズとお互いの忘れ形見にリボンとドングリを交換する、という場面があり、組替えのお話をいただいたあとからは、お稽古中にボロボロと泣いてしまって。マリーズの「とうとう行っちゃうんだね、私のこと忘れないでね」って台詞が、そのまま我がことのように身にしみて……。人は何度も分かれ道に立つけれど、選んだ道を歩き続けるんだ、という内容の歌詞を彼女とデュエットするんですけれど、毎回その箇所で涙が込み上げてくる。発作のように泣いてしまう日々が続いて、もう気持ち的に無理だと思い、糸ちゃんにだけ組替えのことを告げたんです。で、翌日からは2人でわんわんと（笑）。

★　★　★

組替えの理由というのは、トップとしての異動でもない限り、ほとんどの場合はっきりと告げられることはないらしく、私の場合も曖昧《あいまい》な感じでよく分からなかったんです。他にも何人かの生徒の動きがあるらしいとは聞いていたんですけれど、いろいろとぼかされていたこともあって、私自身の異動も正式な発表まで大っぴらにはできませんでした。

宙組にいたのは3年という短い期間だったけれど、いろいろな方に助けられ可愛がっていただいたので、本当に組替えが憂鬱で仕方がありませんでした。ただただ辛くて、中日公演の千秋楽も、その日が来なければ良いとさえ思ったほど。同時期にチギさん（早《さ》霧《ぎり》せいな）も雪組へ組替えだったから、当日はいっしょに泣いていました。

とはいえ泣いても喚いても異動は決まったこと。今まで宙組の皆さんに育てていただいたことを、ちゃんと証明しなければと決意を新たにしました。私が何もできない人間だと思われたら、それは宙組の人たちの評価に傷がつくことになる。だから人一倍、挨拶や舞台でのマナーという基本的なことから気を配りました。入団から今まで、ちゃんと教えられてきたということをすべて、花組でもきっちりやらなくてはいけないって。まあ今にしてみれば、その思い込みと緊張感のあまり、過剰に壁を作っていた気もするんですけどね。とにかく落ち度がないように完璧にやろうとしていました。

★ ★ ★

しかも組替え後、最初の大劇場公演では新人公演のヒロイン役をいただいたんです。新公ヒロイン自体も初のこと。演目は奇《く》しくも宙組の中日公演と同じ「ベルばらアンドレ編」で、桜乃彩音さんが本役をつとめるマリーズ役でした。本公演の配役はマリーズの幼少時代、かつての糸ちゃんの役を今度は自分が演じることに。自分にとって「ベルばら」は、不思議と縁の深い演目になりました。

そういうわけで、お稽古場でもどうしたって注目を浴びてしまう。私のことを初めて見る上級生も下級生もたくさんいたはずで、プレッシャーは相当なものでした。それに相変わらず容姿のことは言われ続けていましたから、花組の正統派で可愛らしい娘役さんたちの中へ入っていって果たしてどうなのか、ということも確実に悩みのタネでした。

★ ★ ★

私は根がものすごく怠け者なので、そういう試練がなかったら絶対に頑張れなかったと思うんです。神様は私の人となりをよく見てくださっているんだなって（笑）。

例えばそれまでも同期や下級生に自分よりいい役がついたら、ストレートに悔しいと感じるほうでした。花組に行ってもそれは変わらず、むしろいっそう強くなりました。彼女たちから受けるたくさんの刺激、この人たちに負けたくないという想い。娘役さんだけじゃなく男役さんにだってそう。そして誰よりも自分に負けたくなかった。舞台に立つからには、見ていただく方に素敵だと思われなければ意味がないと考えていました。そうであるために、自分にしかできない新しいことを常に何かしら模索していましたね。

★　★　★

花組さんに慣れるに従って、組替えをありがたいと思うようにもなりました。シンプルなことですが、出会える人が倍になる。1つの組にいるだけなら90人くらいのところが180人。その分吸収できることも増える。多くの人と触れ合うことの大切さを感じました。いろいろな方の演技や歌など、お稽古場でしか見られないものってたくさんあるんです。「ベルばらアンドレ編」という演目を、2つの組で関わらせていただいたこともすごく良い勉強に。演じ手が変わることで、お芝居がこんなにも変化するのだということをまざまざと体験し

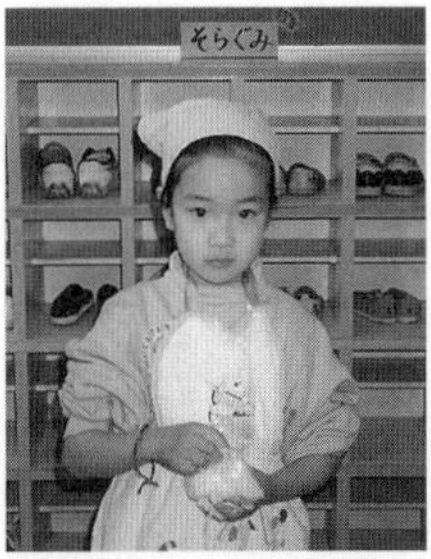

幼稚園のとき。なんと「そらぐみ」でした……！

ました。

それに宙組と花組とでは、いわゆる組カラーが対極といえるほどに違う。例えば娘役さんの個性1つをとってみても、前者が情熱的な大輪だとしたら、後者はかすみ草といったイメージ。男役さんにそっと寄り添い引き立てる、そんな娘役像を花組さんでは教わりました。

また、彩音さんからは本当に多くのことを学びました。トップ娘役としての品位を備えていらっしゃるのはもちろんのこと、人間としての格が圧倒的に上の方。役作りに関しては何もうるさいことは仰らず、「ベルばらアンドレ編」のマリーズも、その次の新人公演のとき(「虞美人」ヒロイン)も「あなたの感じたままにやってね」と。直接教わったことといえば、お化粧の仕方やアクセサリーの作り方、ドレスの扱い方といったごく基礎的なこと。本当にそれだけ。演技に関してご自分のやり方を押し付けられるようなことはまったくなかったので、その分彩音さんをすごくよく見て学びました。言葉で語らずして背中で語る、まさにそんな方だったんです。

娘役の在り方。いくら相手の男役さんを引き立てても、自分が地味ではいけない。寄り添いながらも華やかさを失わずにいることの大切さ。やはり印象が薄かったら元も子もなくなってしまう。これも彩音さんを見て得たことです。

だから彩音さんほどには至らずとも、私のことを見て、少しでも何かを感じ取ってもらえたらいいな、と。実際下級生に学んでもらえたかは別にしても、そういうふうになろうという意識が芽生えたことは、自分にとってとても有益でした。

★　★　★

彩音さんが退団し、同期の蘭乃はなちゃんが新たに娘役トップとして来てくれたことも、すごくプラスになった出来事でした。これに関しては自分と比べたり悔しさを感じる次元は越えていて。単純なライバル、というような存在ではなかったですね。

同期という同じ学年の子が組でトップを張っている。あれだけのことを任され、こなしているとなったら、メラメラと燃えてくるものがあり「よし、私もやるぞ！」って。自分でも驚くほど、前向きに取り組むことができたんです。

彼女はザ・舞台人、ザ・宝塚の娘役、という人。パッと見には感じられなくても、実はものすごく強い精神力を持っている。だからこそ尊敬していましたし、周りの同期とで支えてあげなくては、と使命感に燃えていました。蘭ちゃんが怪我をすることもなく毎公演終えられたこと。彼女に同期のみんなのお陰と言ってもらえて、私たちも「やった！」という感じでした。

★　★　★

宙組から花組へ。過去には男役から娘役へ。いわば一度の宝塚人生で、四度美味しい、というような（笑）。決して長くはない在団でしたが、その分密度の濃い経験ができたと思います。辛いことも数えきれないほどありましたが、振り返ってみれば、楽しんだ印象のほうが強い。自分らしくタカラジェンヌを全うできた、心からそう感じています。

注1【中日劇場】愛知県名古屋市にある劇場。毎年必ず、1～2組の公演が行われる。

自★己★流
デトックス
5

お風呂♡

とにかくお風呂が大好きなんです。毎日1～2時間の入浴は当たり前。「自分へのご褒美♪」という感じで、休日1人でもラクーアに出掛けたりして。宝塚時代も同期と健康ランドへ連れ立っては、いろいろなお風呂を楽しんでいました。もちろん温泉もよく行きます。

お風呂好きになったきっかけは中学の頃の初ダイエット。今となってはまったく馬鹿げた、極力食べないというやり方に長風呂もプラスしていました。そこに「美味しんぼ」とか、父が買っていた料理雑誌を持ち込んで延々読んでいたり。余計にお腹が空きそうって言われるけれど、眺めているとなぜだか満たされて（笑）。ダイエット中のほうが逆に、食べ物関連の本に手が伸びるのは我ながら変なところかもしれないです。

そんな感じでしたから、在団中もお風呂時間はフル活用でした。読書はもちろん歌や台詞の練習も。お風呂って完全個室だから、楽曲も台本もすごく集中して覚えられる。とはいえ一度、簡易キーボードとMDデッキを蓋に載せて音取りをしていたときに、落として水没させてしまったことがあるんですけれど……（笑）。

入り方は半身浴と反復浴を組み合わせた自己流です。最初は42度くらいの熱めのお湯に肩までしっかり浸かって、出て水シャワーというのを何回か繰り返す。それで身体が温まってきたら、湯船の温度を下げて半身浴に切り替えるんです。私自身、代謝の悪さや低体温が気になるので、いきなりぬるめのお湯に浸かるよりも、最初に末端まで温めるほうが合っているよう。おかげで最近は、冷え性が改善されてきました。

身体の洗い方も、タオルを使うのは週に一度くらい。代わりに手を使って、全身リンパマッサージをするんです。ボディソープの滑りを利用すれば、お風呂上がりに改めてマッサージクリームを使わなくていいから一石二鳥。何よりラインがすっきりするし、手足も翌朝まで温かいんです。

あとは水分補給に白湯や黒酢ドリンクも持ち込んだりも。自分の身体に合いそうなものは、これからもどんどん取り入れていこうと思っています。

Interview

正統派ではない自分の魅力

音楽学校に入学してから退団するまで、結局のところ、言われ続けたのは容姿のことです。自分自身で気にしている部分もあれば、お手紙で指摘されることもあったり。最初の頃は、ただコンプレックスでしかありませんでした。

けれどそれは持って生まれた変えようのないもの。ならばこの容姿を活かそう。この顔だからこそ似合う役をいただけるようなキャラクターづくりを研究しよう。あるときからそう考えられるようになって、俄然前向きになったんです。

ちょっとブサイクと言われてしまう面白い顔なら(笑)あえてそれを武器に。きっと美しくはかなげな、正統派の娘役像というのは似合わないだろうと。だからファニーでちょっとおバカだったりする役がハマるような、ゆくゆくはそこに先生があて書きをしてくださるような、そんなキャラ立ちを目指そうと考えました。

舞台上のヘアメイクもかなり試行錯誤しました。ご存知のように宝塚のメイクは独特です。せっかく元の顔面をがらりと変えられるようなお化粧なのだから、これを頑張らない手はないと日々練習を重ねました。参考にしていたのは昔の宝塚のビデオや写真、あとは大好きな少女マンガも。私の中でバイブル的存在の「ガラスの仮面」や、「あさきゆめみし」が宝塚でも舞台化された大和和紀《やまとわき》先生の作品、萩尾望都《はぎおもと》先生の作品、などなど……。他にもアニメや映画、見るものすべてから吸収してやろうと思いました。

自分に合う髪型を見つけるため、かつらや飾りもありとあらゆるものを試しました。ヘアスタイルはキャラクターの個性を方向付けるために重要な部分。役作りの上で髪型に助けられたりもしたので、拘り甲斐がありました。例えば宙組時代のお芝居「パラダイスプリンス」。私はウェンディという「ピーターパン」の登場人物がモチーフとなった役だったので、ディズニー作品や洋画で研究。そこからリボンがアクセントのポニーテールを考えました。

★　★　★

この演目の新人公演ではスパニッシュ系のアーティスト・アンジェラ役をいただいて。どちらかといえば自分には難しい役柄でした。ドレッドのかつらで、ファッションもストリート系。本役の方々も小物などの細かい部分まで凝っていらしたのが印象的で。そのときにふと思ったんです。芸術家肌でおしゃれなアンジェラだったら、きっと時間をかけてアイメイクなどを作り込むはず。朝の準備はこんな気持ちでやってるんじゃないかな?って。天咲千華じゃなくてアンジェラとして舞台化粧をする。そうしたらスッと、その人物にシフトできて。新公だからめちゃくちゃ緊張しているはずなのに、不思議な感覚でした。衣装の着こなしや、アクセサリーの選び方……このときから「役の人物」になって準備をすることを心がけるようになりました。

演技や役作りなどで苦しんでいると、ぎりぎりで何かしらの打開策がひらめく。振り返ってみれば、八方ふさがりで全然だめだったという公演はなかったように思います。それはもちろん、周りの方々からいただいたアドバイスが熟成されたもの。決して私1人の力ではないな、とありがたさが身に染みました。

★　★　★

研1で娘役になったとき、何か目標を立てようと考えました。私は自分に対してそういう設定をするのがすごく好きなんです。子どもの頃から宝塚が好きだったから、入ったらやってみたい役という理想もあって。そこで「お客様から笑いが起こる役」「謎を持っている役」「死ぬ役」、この3つを演じたいと決めました。もちろん新公ヒロインも憧れでしたが、役としてはその3役。これらができたら辞める、そんな覚悟で母親に宣言しました。私は母のことを女性として、そして人として尊敬しているんです。いつも言ってくれたのは「やりたいことがあったら、思い浮かべて提示すればきっと叶うから」ということ。だから「この役ができたら退団するくらいの気持ちで頑張る!」って。

★　★　★

1つ目の「お客様から笑いが起こる役」は、コメディの演目に当たることがわりと多くて。その中でも確かな手応えがあったのはバウ公演の「フィフティ・フィフティ」。華形《はながた》ひかるさんと真野《まの》すがたさんがダブル主演で、演出は石田昌也《いしだまさや》先生。私は売れない女優・キャシーという役だったんですけれど、毎日体当たりで膝を擦りむきながら演じたら、私のやったことでお客様が盛大にウケてくださって。もう、すっごく幸せでした。脚の痛みも吹き飛んで、華形さんにも「どんどん小突いてください」って(笑)。余談ですがキャシーは最終的に特撮アイドルとして開花する設定。ヒーロー戦隊的な格好でアニソン風の歌を望海風斗《のぞみふうと》さん、夕霧《ゆうぎり》らいさんと3人で踊るという、私にとってはうっはうはの役どころでした。あと最初に、その衣装がセーラームーン風って聞いて「やったあ!」と思ったんですが、実際は似ても似つかないデザインで、しかも全身どピンク(笑)。いろいろと思い出深い公演になりましたね。

花組公演「フィフティ・フィフティ」舞台裏にて、同期の銀華水《ぎんかすい》ちゃんと

★　★　★

そして「謎を持っている役」。これは

シアタードラマシティ[1]公演の「相棒」で。私はまずピアノの調律師として登場。愛音羽《あいねは》麗《れい》さんと不倫関係のような役どころなんですけれど、二幕のはじめ辺りに、ちょっと意味深に怪し気な登場の仕方をする。みんなからも「犯人？」って言われていて、でも実はＦＢＩ捜査官だったという。壮一帆さんたち演じる捜査一課に正体を問われ、舞台の後方からバーン！と登場するんです。その瞬間がすごく快感で（笑）。とても難しいキャラで苦労も多かったんですけれど、これはまさに謎を秘めた役だ、と。しかも犯人に間違われるなんて役者冥利《みょうり》に尽きる。こういう役ができるようになったのは、とてもありがたいことだと思いました。

★　★　★

3つ目の「死ぬ役」は「虞美人」の新人公演、ヒロインの虞美人としていただくことができました。しかもこの物語は虞美人が死ぬことによって流れが変わる。もうすごい役だぞ、と。ただ、本役の桜乃彩音さんはいついかなるときも虞美人のような方だった。コンビの真飛さんのことを常に思っていて、いわば「虞美人＝彩音さん」。私は一体どうすればいいんだ、って葛藤があったんですよ。私はどちらかというと我も強いし、添い遂げるような役が果たして演じられるのか、と。だから私のヒロイン像を違うと仰る方も多くいらしたと思う。でも虞美人として、鳳《おおとり》真由《まゆ》さん演じる相手役を心から愛することができたから、自分としてはまるで駄目な仕上がりではなかったと思っているんですけどね。

そんな感じで、意外に早くコマが揃《そろ》って。正直その時点で迷ったんですよ、まだ6年程度だし実際すごく楽しいし。もちろん辛いこともあるけれど、宝塚にいるというだけで好きなことがいろいろできる。辞める、ということがすごく恐かったんです。でも、目標が叶ったということは、今ここで終わるべきなのではと。ずっとそれを目指してやってきたから、これ以上新たな着地点を定めたところで、果たしてまた頑張れるのかと。

★　★　★

宙組「維新回天・竜馬伝！」新人公演。やはり同期の千紗《ちさ》れいなちゃんと

母に話したところ、「虞美人」の新公を見たときに「この子の夢は叶ったんだな」と思ったんだそうです。それまでは挫《くじ》けるたびに辞めたいと相談しても絶対に頷かなかった人が、このタイミングなのかもね、と。そして「この先何とかなる。きっとあなたにしかできないことが出てくるから、自分を信じてやればいいじゃない」って。その言葉を聞いたら、いつもの私の切り替えの早さです。やっぱり辞めるのを止めます、なんて、すごくダサい。もう、楽しかった思い出がフラッシュバックして、連日夢でう

なされもしたんですが、ある日「よし今だ、えーい！」って。ありがたいことに、考え直さないかとも言っていただいたんですが、そこは押し切らせてもらいました。

すっぱりとけじめがついたから、悔いはまるでありませんでした。退団公演で沸き上がってきたのはただひたすらに感謝の気持ちだけ。こんなにたくさんの方に支えられてきたのだと。

★　★　★

振り返れば最後まで試練続きの宝塚人生でしたが、克服できないものは1つとしてなかったように感じます。コンプレックスも困難も、その人にとって不可能以上のものは与えられない。必ずそれに勝つことができる、大きくなるための糧なんだと気付くことができました。だからこそ、もっと先を見据えて成長しつづけられる。きっと今ある試練も5年か10年、もしかすると明後日にはあっさりと受けとめられるのでは、とごく自然に考えられること。それが身をもって得られた「一生の宝」です。

注1　【シアター・ドラマシティ】梅田芸術劇場にある、メインホールの約半分規模の898座席を持つホール。

天《あま》咲《さき》千《ち》華《はな》の娘《むすめ》役《やく》レッスン
タカラジェンヌの身体《からだ》になりたい

初版第一刷発行　2013年2月5日

著者　天咲千華

発行人　志倉知也

発行所　株式会社祥伝社
〒101-8701 東京都千代田区神田神保町3-3
電話 03-3265-2081（販売）
03-3265-2087（編集）
03-3265-3622（業務）
http://www.shodensha.co.jp/

印刷所　図書印刷

製本所　ナショナル製本

装丁　ヤマシタツトム

イラスト　negio

写真　津田聡

取材・文　畑菜穂子

ISBN978-4-396-46040-2 C0095
Printed in Japan